汉语国际传播与国际汉语教学研究丛书　总主编：吴应辉
Series of Chinese Language Globalization & International Chinese Language Teaching Studies
Chief Editor: Wu Yinghui

国际汉语词汇教学实践研究

A STUDY ON THE PRACTICE OF INTERNATIONAL CHINESE VOCABULARY TEACHING

冯凌宇 / 著
By Feng Lingyu

中央民族大学出版社
China Minzu University Press

图书在版编目（CIP）数据

国际汉语词汇教学实践研究 / 冯凌宇著. —北京：中央民族大学出版社，2018. 12

ISBN 978-7-5660-1568-6

Ⅰ. ①国… Ⅱ. ①冯… Ⅲ. ①汉语—词汇—对外汉语教学—教学研究 Ⅳ. ①H195. 3

中国版本图书馆 CIP 数据核字（2018）第 244570 号

国际汉语词汇教学实践研究

作　　者　冯凌宇
责任编辑　戴佩丽
封面设计　布拉格
出 版 者　中央民族大学出版社
　　　　　北京市海淀区中关村南大街 27 号　邮编：100081
　　　　　电话：68472815（发行部）传真：68932751（发行部）
　　　　　　　　68932218（总编室）　　　68932447（办公室）
发 行 者　全国各地新华书店
印 刷 厂　北京建宏印刷有限公司
开　　本　710×1000（毫米）　1/16　印张：16.5
字　　数　220 千字
版　　次　2018 年 12 第 1 版　2018 年 12 月第 1 次印刷
书　　号　ISBN 978-7-5660-1568-6
定　　价　68.00 元

汉语国际传播与国际汉语教学研究丛书总序

吴应辉

目前来华学习汉语人数不到全球学习汉语人数的1%，而在中国境外学习汉语的人数达99%以上。国际汉语教学已成为学术界关注的一个热点，然而从目前出版和发表的有关论著来看，研究对外汉语教学的很多，但研究国际汉语教学的很少。汉语国际传播及国际汉语教学的实践已经超前于理论，或者说我们的汉语国际传播及国际汉语教学理论滞后于实践。作为国际汉语教学的从业者，大家都应肩负起历史使命，对汉语国际传播及国际汉语教学进行研究，深入探讨相关的理论和实践问题。

中央民族大学在20世纪50年代就开始了对越南学生的汉语教学，成为当时中国最早接收外国留学生的八所院校之一，但在对外汉语教学学科建设方面起步较晚。近年来，中央民族大学国际教育学院调整了学科建设方向，将研究力量集中于汉语国际传播和国际汉语教学。在学校的大力支持下，我们的国际汉语教学学科建设已经取得初步成果。我们在全国高校中率先在语言学及应用语言学专业博士研究生培养中设立汉语国际传播研究方向；我们是全国第一个明确把“国际汉语教学”列为重点培育学科加以建设的汉语教学机构；我们创新性地设计并组织实施了“汉语国际教育硕士”的“1+2+X”培养模式；我院绝大部分专职教师和20多位中外博士生都把研究方向集中到了国际汉语教学及其重要组成部分汉语国际传播上，研究领域包括泰国、马来西亚、缅甸、韩国、美国、越南等国家的汉语传播问题，内容涵盖国际汉语教学宏观和微观层次的诸多问题；我们已承担了包括两项国家社科基金课题、教育部新世纪优秀人才支持计划项目和教育部人文社会科学项目在内的多项汉语国际传播纵向和横向课题；我们正在进行国际汉语教学案例库和汉语国际传播数据库建设……

我们才刚刚起步，我们愿不断努力，与兄弟院校一起在汉语国际传播和国际汉语教学领域拓荒、播种，并愿意与国内外同行分享我们的收获。我们将以全球化的视野、国际化的思维和创新务实的行动，努力开展汉语国际传播和国际汉语教学研究，推动国际汉语教学学科建设，为汉语和中华文化走向世界尽一份绵薄之力。

经过中央民族大学国际教育学院两年多的策划和研究，汉语国际传播与国际汉语教学研究丛书陆续开始出版了。希望这套丛书能从各个侧面对国际汉语教学学科的形成和建设起到支撑作用，能为国际汉语教学的专家学者带来另一股清新的学术空气，给青年学者和博士、硕士研究生选择未来的研究领域提供新的视野，并为汉语国际传播有关机构提供决策参考。这套丛书虽为中央民族大学国际教育学院策划，但我们的作者并不限于本院师生，我们热忱欢迎国内外有志于汉语国际传播和国际汉语教学研究的专家学者加盟我们的队伍，我们愿意将符合丛书主题的学术成果列入丛书出版。

鉴于广大读者甚至很多业内学者和学生对汉语国际传播与国际汉语教学的认识尚不够深入，谨以本人在《语言文字应用》2010 年第 3 期上发表的论文“国际汉语教学学科建设及汉语国际传播研究探讨”作为代序，对汉语国际传播与国际汉语教学做一些学术探讨，以增进学界对国际汉语教学学科的认识。

国际汉语教学学科建设及汉语国际传播研究探讨[①]（代序）

随着汉语快速走向世界，对外汉语教学时代正在转型为国际汉语教学时代，传统的对外汉语教学正在转型为国际汉语教学，因此，有必要努力建立与之相适应的国际汉语教学学科。国际汉语教学学科应该包括传统的对外汉语教学和汉语国际传播两大部分。汉语国际传播是指建立在世界各国对汉语需求的基础之上，汉语遵循语言传播规律，从中国走向世界的语言传播现象。汉语国际传播研究是国际汉语教学研究的重要组成部分。鉴于此前很少有人讨论过相关问题，本文将探讨建立国际汉语教学学科的必要性，国际汉语教学与传统的对外汉语教学、汉语国际传播研究的关系，对外汉语教学向国际汉语教学的转型，国际汉语教学研究的理论基础和研究内容，国际汉语教学的学科建设，当前汉语国际传播研究的领域等问题，以期抛砖引玉，并希望有更多的同行参与到国际汉语教学及汉语国际传播的研究中来，不仅可以推动转型后的国际汉语教学学科建设，而且通过汉语国际传播研究为汉语国际推广工作提供更多的智力支持和决策参考。

---

① 吴应辉：国际汉语教学学科建设及汉语国际传播研究探讨，《语言文字应用》2010年第3期，作者对文章进行了部分删节和小的改动。本文获“新世纪优秀人才支持计划”资助（Supported by Program for New Century Excellent Talents in University，“NCET”）。

一、国际汉语教学时代已经到来

随着中国综合国力的迅速增强，尤其是经过金融危机的洗礼，中国与世界发达国家的经济实力对比发生了很大的改变，差距正日益缩小。不久前，世界银行副行长兼首席经济学家林毅夫甚至指出，到2020年中国可能成为世界第一大经济体。① 中国国际地位的快速上升，使世界各国人民了解中国的需求心理快速增强，汉语热正在世界各地悄然兴起，汉语国际传播的新时代已经到来。国家汉办主任、孔子学院总部总干事许琳说，世界上学习汉语的人数也远超中方预期。据介绍，目前全世界有109个国家、3000多所高等学校开设了汉语课程。特别是中小学开设汉语课的热情越来越高。世界各国学习汉语的人数，很多国家以50%甚至翻番的速度增长。全世界现在学习汉语的人数已经超过了4000万。② 世界范围的汉语需求增长迅速，从2004—2009年，应世界各国有关机构的要求，国家汉办派出汉语教学志愿者达6000多人。仅2008年，国家汉办就派出汉语教学志愿者1700多人，分布在46个国家。2008年全国共派出汉语教师2000余人，分布在105个国家。截止2008年底，应世界各地有关机构的请求，全球已建立孔子学院249所，孔子课堂56个。③ 周边国家的汉语热尤为突出，“日本有200万人在学习汉语。韩国学习汉语的人数超过100万，现有的142所大学全部开设了汉语课程。韩国教育部计划在全国中

---

① 中国新闻网3月22日：http：//www.chinanews.com.cn/cj/gncj/news/2009/03-19/1608221.shtml.

② 新华网：世界“汉语热”远超预期，学习人数已超4000万。2009-03-13。http：//news.xinhuanet.com/edu/2009-03/13/content_ 11002421.htm

③ 以上数字引自前教育部部长周济“在2008年孔子学院大会上的工作报告”。

小学普遍开设汉语课。印尼目前有1000所中学正式开设了汉语课”。[①] “泰国作为汉语热的新兴国家，开设汉语课的中小学已达千所以上，学习汉语的人数10年间增长了20多倍，2007年泰国学习汉语的中小学生超过20万人（206134人）。泰国接收中国汉语教学志愿者人数列各国之首”[②]，2008年接收了870名来自中国的汉语教学志愿者，2009年仅新派志愿者就达800人，[③] 加上留任的志愿者，在泰国的汉语教学志愿者人数已达上千人。泰国孔子学院建设也卓有成效，一个只有6000万人口的国家建立了11所孔子学院和孔子课堂。在泰国，学习汉语已经成为一种时尚，泰国汉语传播速度在当今汉语国际传播中是一个奇迹。在美国、欧洲，汉语教学的发展势头也非常好，美国大学理事会的调查结果显示，全美有2400多所中小学有意向在近几年开设汉语课，[④] 美国出于国家安全的考虑，投入巨资开展“关键语言”（Critical Languages）教学，而汉语就是六种关键语言之一。在英国、法国、德国、俄罗斯等国家，开设汉语课的学校也在快速增加。这些事实说明，国际汉语教学的时代已经到来。

二、国际汉语教学时代需要有与之相适应的国际汉语教学学科

对外汉语教学正快速向国际汉语教学转变，对外汉语教学学

① 中国网：孔子学院影响力独特：4000万洋人学习汉语，2007-03-20。http：//www.china.com.cn/international/txt/2007-03/20/content_ 7987819.htm

② 吴应辉、杨吉春．泰国汉语快速传播模式研究［J］．世界汉语教学，2008（4）。

③ 国家汉办志愿者中心提供数据。

④ 新华网：国外学中文成时尚，美2400所学校愿开中文课，2006-07-06。http：//news.xinhuanet.com/edu/2006-07/06/content_ 4800553.htm

科也应该与时俱进，转型为国际汉语教学学科。自20世纪80年代对外汉语教学学科建立以来，我国对外汉语教学学科取得了快速发展，已形成一套自己的理论体系、研究方法，推出了大批研究成果，建立了本科、硕士和博士三个层次完整的人才培养体系，为中国的对外汉语教学事业做出了应有的贡献。2003年国家汉办推出的“汉语桥工程”① 开始实施，对外汉语教学开始向国际汉语教学转型。2004年，“国务院批准了国家对外汉语教学领导小组制定的对外汉语教学事业2003年至2007年发展规划——《汉语桥工程》，明确提出了‘集成、创新、跨越’作为对外汉语教学和汉语国际推广工作的发展战略，也就是：集成一切资源要素，采取创新的举措，实现对外汉语教学事业的跨越式发展”。② 2005年7月在北京举办的首届世界汉语大会实为汉语国际推广的首次动员大会，来自五大洲66个国家的300多位代表出席了这次大会。此次大会之后，汉语国际推广工作进入了高速发展阶段。

“六大转变”的推出，进一步加快了从对外汉语教学向国际汉语教学的转型。2006年，对外汉语教学向国际汉语教学的转变得到国家汉办等有关部门在政策层面的推动，“针对我国多年来对外汉语教学的主战场在国内，以来华留学生为主要教学对象的传统汉语教学模式不适应国外对汉语的需求状况，提出了转变观念和工作重点，实施六大转变：一是发展战略从对外汉语教学向全方位的汉语国际推广转变；二是工作重心从将外国人‘请进来’学汉语向汉语加快‘走出去’转变；三是推广理念从专业汉语教学向大众化、普及型、应用型转变；四是推广机制从教育系统内推

① 汉语桥工程主要包括孔子学院，中美网络语言教学、教材、音像和多媒体制作，国内外汉语教师队伍建设，对外汉语教学基地建设，汉语水平考试，世界汉语大会，“汉语桥比赛”，“汉语桥”基金与援助国外中文图书馆和基本建设九个方面的内容。

② 章新胜：加强汉语的国际传播，促进多样文化的共同发展［J］. 求是，2005（16）。

进向系统内外、政府民间、国内国外共同推进转变；五是推广模式从政府行政主导为主向政府推动的市场运作转变；六是教学方法从纸制教材面授为主向充分利用现代信息技术、多媒体网络教学为主转变。六个转变实际包含了三个层面：体制和机制、对象和教学类型、教材和教法。换言之，从过去的‘请进来’、对有一定学历的成年人进行面对面教学，发展到‘走出去’、对社会上各式各样的人进行多种方式的教学，需要全方位的改进和改革”。[①] 这一政策的推出，更加快了传统的对外汉语教学向国际汉语教学的转型。

目前的汉语教学除了我国国内的对外汉语教学之外，还有100多个国家都在开展汉语教学。据教育部公布的数据，2008年共有来自189个国家和地区的22万多（223499）名各类来华留学人员[②]，与世界各国学习汉语人数相比，仅占不足1%（0.56%，按全世界4000万人学汉语的数字计算）。我国2008年派出的汉语教学志愿者和汉语教师达3000多人，但他们只占世界各国汉语教师中极小的一部分。这些数据已经充分说明，汉语教学的主体不在国内而在国外。国际汉语教学时代已经到来。因此，我们有必要在传统的对外汉语教学学科的基础上扩充改造，形成与汉语国际传播形势相适应、更有利于学科发展的国际汉语教学学科。对外汉语教学的内涵是“对外国人的汉语教学”，隐含着“老师是中国人，中国老师教外国学生”之意。但进入国际汉语教学时代，当千千万万的外国人就在自己的国度学习汉语的时候，教授他们汉语的老师可能绝大多数都是本国人，对外汉语教学这一名称在中国以外的其他国家就显得不太合适。作为一个学科，其内涵已发

---

① 许琳：汉语国际推广的形势和任务［J］．世界汉语教学，2007（2）。

② 教育部2009年第6次新闻发布会：介绍2008年中国教育对外开放总体情况及出国留学、来华留学事业发展情况。见教育部网站：http：//www.moe.gov.cn/edoas/website18/02/info1237941653766102.htm

生了巨大变化，甚至已变化到原有的学科名称不能涵盖的程度，因此，非常有必要用“国际汉语教学”替代“对外汉语教学”。这样，国际汉语教学学科就能很好地涵盖国际汉语教学时代的学科内涵发展需要。尽管形式上对外汉语教学这一名称的使用仍然居主导地位，但现实中对外汉语教学学科已进入了国际汉语教学学科时代。从这个意义上讲，国际汉语教学这一能够充分反映此变化的新的学科名称替代“对外汉语教学”这一传统学科名称实属必然。

此外，现实中，“国际汉语教学”这一术语已在汉语教学界广泛使用，如由世界汉语教学学会定期召开的学术会议的名称确定为“第×届国际汉语教学讨论会”，由美国中文教师协会与中国大学联合定期举办的学术会议的名称确定为“第×届国际汉语教学学术研讨会”，国家汉办 2009 年 4 月与北京语言大学合作建立了“国际汉语教学研究基地”，其中使用的都是“国际汉语教学”，北京外国语大学出版的学术辑刊叫“国际汉语教学动态与研究”(2009 年开始更名为“国际汉语教育”)，国家汉办制定的一套汉语课程大纲叫“国际汉语教学通用课程大纲”，其他使用较多的还有“国际汉语教学创新奖”“国际汉语教学资源展”“国际汉语教学图书展”等。总之，“国际汉语教学”这一术语在没有任何人刻意把它作为学科名称推出的情况下，在现实中已被无声无息地广为接受了。

当然，也有专家认为，应该使用“国际汉语教育”“汉语外语教学”“汉语作为外语教学”“汉语作为第二语言教学”等名称，但笔者认为，“教育”有教书育人之意，隐含道德说教之嫌，中国教育特色太明显，毕竟这一学科名称是要涵盖全球汉语教学的，主要任务是“教书”，“育人”之功能宜弱化。而“汉语外语教学”实为“汉语作为外语教学”的缩写，在人们对“汉语作为外语教学”和“汉语作为第二语言教学”两个术语争论不休的今天，

"汉语作为外语教学"强调的是汉语在非汉语环境中作为外语的教学，也就是汉语在中国以外的其他国家自己的语言环境下的汉语教学，而"汉语作为第二语言教学"这一术语的内涵存在两种主要争议，一种意见认为，主要指在汉语环境下对外国人或母语不是汉语的其他人的汉语教学，其中也包括对母语非汉语的少数民族的汉语教学，如在中国对外国人进行的汉语教学或对母语为某种民族语言的少数民族的汉语教学；另一种意见认为，"第二语言是根据习得先后顺序来定义的。因此，对那些汉语为非母语者，无论是在美国还是在中国学习汉语，按照时间顺序，汉语都是他的第二语言，只是学习的环境不同。在中国，汉语是在'第二语言环境'（second language context）习得的，在美国，汉语是在'外语环境'（foreign language context）习得的。换句话话说，第二语言与习得环境无关"。[①] 由此可见，汉语作为第二语言教学不仅存在其内涵方面的争议，而且还存在把"对中国国内少数民族的汉语教学"包括进去的情况，将其作为国际汉语教学时代的反映国际汉语教学现实的学科名称显然不太恰当。综上所述，"国际汉语教育""汉语外语教学""汉语作为外语教学""汉语作为第二语言教学"等名称均存在明显的不足，相比之下，"国际汉语教学"这一名称既能反映汉语走向世界的现实，又能充分反映学科的内涵，而且不带任何道德说教之嫌，显得比较中性，兼顾了各个方面，作为一个学科名称，应该是最佳选择。当然，也有意见认为，这个学科名称国际接轨程度不高，主要理由是，以英语为例，就没有"国际英语教学"之说。但是中国应该有自己的创新，中国人应该有勇气创造出一个响亮的学科名称"国际汉语教学"，也许"国际汉语教学"这一名称使用后，世界各国会效仿创造出

① 王建勤：汉语国际传播标准的学术竞争力与战略规划［J］．云南师范大学学报，2010（1）。

“国际××语教学”等一批学科名称。

三、汉语国际传播研究是国际汉语教学学科的两大组成部分之一

(1) 汉语国际推广、汉语国际传播、国际汉语教学的区别与联系

汉语国际推广、汉语国际传播和国际汉语教学是一组既有联系又有区别的概念。三个概念的共同点是，都与汉语走向世界有关。汉语国际推广主要是作为一项事业的名称来使用，反映汉语的母语国中国努力把自己国家的语言汉语推广到世界的主动行为。这一术语一度被官方广泛使用，它能充分反映有关机构要把汉语推向世界的主动性、积极性和美好愿望，但会带来“文化侵略”之嫌的负面效应。本人注意到，此术语在正式重要场合，尤其是国际性重大活动中的正式讲话或报告很少使用。汉语国际传播是一个较为中性的学术术语，它能反映汉语走向世界的时代特征，也能涵盖与其相关研究领域当前和未来相当长一个时期的学科内涵，同时能为学科发展拓展更广阔的学术空间，是学术界公认并广泛使用的一个国际汉语教学分支学科的学术术语。教育部副部长、国家语委主任郝平2009年5月指出，“当前，要优先发展当代社会急需的分支学科，如语言规划学、语言教学、计算机语言学、法律语言学、播音语言学、汉语国际传播等等。”① 汉语国际传播被国家语委主任列入当前应该优先发展的分支学科，说明发展这个分支学科的必要性和紧迫性。国际汉语教学则是反映全球汉语

① 郝平：大力促进应用语言学发展，为国家的繁荣昌盛作贡献，中国语言文字网：http：//www. china-language. gov. cn/

教学与研究的学科名称，在学科目录中至少应该列为二级学科，是汉语国际传播的上位学科，汉语国际传播是其分支学科，也是国际汉语教学最重要的组成部分。

（2）国际汉语教学与对外汉语教学的关系

国际汉语教学应包括传统的对外汉语教学和汉语国际传播两大部分。之所以把对外汉语教学列为国际汉语教学的两大部分之一，是因为对外汉语教学不论是过去、现在还是未来，都是汉语走向世界的重要途径，只不过开展汉语教学的地域不在国外而在国内，开展汉语教学的语言环境是目的语环境而已。国际汉语教学和传统的对外汉语教学的关系是：对外汉语教学是国际汉语教学的前身和重要组成部分，国际汉语教学是对外汉语教学的继承和发展，它拓宽了对外汉语教学的研究视野，使对外汉语教学的交叉性特征更加明显，研究方法更加多样化。国际汉语教学和对外汉语教学是同一个学科，是一脉相承的，但国际汉语教学具有更强的多学科交叉性。之所以使用“国际汉语教学”这个名称，是因为它更能反映汉语国际传播的现实、当前和未来相当长一个时期的学科内涵，同时能为学科发展拓展更广阔的学术空间，总之，更有利于学科的持续健康发展。

从学科归属的角度说，对外汉语教学和国际汉语教学都应该属于语言学及应用语言学，都是一个以汉语言文字教学为基础、关涉到其他许多学科的交叉性学科；对外汉语教学作为国际汉语教学的前身和重要组成部分，经过20多年的努力，已经建立了一套初具规模的理论体系，这些理论体系也是国际汉语教学的重要支撑，但国际汉语教学除传统的对外汉语教学理论体系部分外，汉语国际传播方面的理论体系尚处于草创阶段。也有观点认为，对外汉语教学应该属于教育学科，但笔者认为，该学科的基础、主干课程和教学内容均属于语言学，教育学相关内容仅为其中的很小一部分，所以，还是应该归入语言学及应用语言学。

从理论基础来看，传统的对外汉语教学以语言学、教育学、心理学、文化学等学科理论为基础，但国际汉语教学除以上学科外，由于汉语国际传播还涉及外交、项目管理、国别文化等方方面面，因此其理论基础还应该包括管理学、文化人类学、传播学、外交学、社会学、历史学、地理学、统计学、计算机科学与技术等。

从研究内容来看，国际汉语教学比对外汉语教学更宽、更广。传统的对外汉语教学，主要研究中国的汉语教师对到中国来学习汉语的外国留学生的汉语教学相关的各种问题，主要侧重于“汉语语言学、汉语习得理论、汉语教学理论和研究方法学等基础理论和总体设计、教材编写、课堂教学、测试评估、教学管理和教师培养等应用研究”。① 但国际汉语教学则不仅要研究上述问题，还要研究汉语国际传播相关的各种问题，如世界各国的汉语需求，本土化教材研发，国别化汉语教师的培养，国别化教学理论与方法，孔子学院管理机制、办学模式、布局、评估体系及个案，汉语教学志愿者项目和外派汉语教师项目相关的标准、程序、大纲、教材、管理机制、文化适应等问题，国别语言政策与汉语传播、国别文化与汉语传播、国别政治经济与汉语传播、地缘政治与汉语传播、国际关系与汉语传播、汉语国际传播史等研究领域。由此可见，国际汉语教学的研究内容主要包括两部分，一是传统的对外汉语教学的研究内容；二是与汉语国际传播相关的各种问题。

国际汉语教学主要包括中国国内的对外汉语教学和主要研究汉语走向世界相关问题的汉语国际传播两大组成部分，而国别汉语教学是汉语国际传播的一部分。

国际汉语教学学科建设应该主要抓好以下几个方面的工作：一是学科理论建设，二是学科队伍建设，三是学科人才培养。学

① 刘珣：对外汉语教育学引论［M］. 北京语言大学出版社，2001：396.

科理论建设是最为重要的方面，在继续重视汉语教学研究的同时，要特别重视汉语国际传播理论体系建设和汉语国际传播实践研究，它是国际汉语教学不可或缺的研究领域，可以说，没有汉语国际传播研究，国际汉语教学学科就不完整。因此，开展汉语国际传播研究是国际汉语教学学科建设的需要。目前发表汉语国际传播研究成果的期刊寥寥无几，我们应该努力创办新的专业期刊，或在更多的学术期刊上开辟汉语国际传播研究专栏，以推动这一领域的研究。此外，学科队伍建设是学科建设的另一重要方面。目前研究对外汉语教学的队伍已初具规模，但研究汉语国际传播方面的学者却屈指可数，因此，有必要吸引更多的业内人士参与到汉语国际传播研究的工作中来，力争在五到十年内形成一支汉语国际传播研究队伍。人才培养对于一个基础薄弱的学科来说十分重要，除继续加大力度培养对外汉语教学硕士、博士研究生和汉语国际教育专业硕士以外，有必要在硕士和博士层次开设汉语国际传播研究课程，以培养高层次汉语国际传播方面的教学、研究和管理人才，确保国际汉语教学学科后继有人，并能持续、健康、稳步发展。

四、汉语国际传播研究的主要领域

实践需要理论指导，目前汉语国际传播研究严重滞后于汉语国际推广实践①。汉语国际传播对于国际汉语教学工作者来说，既是艰巨而光荣的任务，也是难得的机遇。既然时代呼唤理论，我们就有责任、有义务研究汉语国际传播相关的各种问题，让汉语又好又快地走向世界。可以预言，未来很长一个时期内，世界范

① 吴应辉：加强研究，指导实践，让汉语又好又快地走向世界——汉语国际传播笔谈前言［J］. 云南师范大学学报，2007（5）。

围的汉语学习需求将持续快速增长并拉动汉语持续快速走向世界。汉语国际传播实践亟须汉语国际传播研究的支撑，汉语国际传播研究将具有广阔的空间。鉴于汉语国际传播蓬勃发展的形势，笔者认为汉语国际传播研究的主要领域应该包括以下几个方面：

一是汉语国际推广战略研究，包括对中国汉语国际推广的总体战略、国别战略、孔子学院布局战略等方面的研究，同时还应包括各国关于自己国家汉语推广战略的研究。汉语国际推广的总体战略应该成为国家战略的重要组成部分，尤其要配合国家的整体外交战略和国际经贸战略，最好有一定的超前性，因此，汉语国际推广战略研究对汉语国际推广实践具有重要的指导意义。

二是汉语国际传播国别问题研究，包括国别教育体制、国别语言政策、国别文化与汉语国际传播等相关问题以及国别汉语教学需求研究。汉语国际传播的成功程度，主要体现在汉语进入国民教育体系的程度，因此，我们应该加强汉语国际传播与不同国家教育体制相关问题的研究，努力促成汉语教学进入所在国的国民教育体系。汉语国际传播必须与所在国的语言政策和当地文化相协调。我们应该把所在国语言政策和文化研究透彻，才能做到知己知彼，顺利传播。各国汉语需求的调查研究对于制定汉语国际传播战略十分重要，我们应该加强各国汉语教学需求的调查研究，定性与定量相结合，为制定长期战略提供科学依据。

三是汉语国际传播体制、机制与科学发展研究。汉语国际传播是新生事物，其管理体制与这项事业的整体可持续发展密切相关，项目的运行机制也直接关系到具体项目的可持续发展，如孔子学院及孔子课堂的发展问题研究，汉语教学志愿者项目、公派汉语教师项目的管理机制研究等，因此，有必要及时研究体制和运行机制方面面临的新情况和新问题。

四是汉语教学的本土化问题研究。在各国汉语教学中，本土化教材、教师、教学法相关问题的研究制约着日常汉语教学的各个方面。国别语言和文化的不同决定了对汉语教材、教师和教学法的不同要求。随着不同国家汉语需求的增长，本土化汉语教材、教师、相关教学法及教学模式等领域的研究必将成为汉语国际传播研究的重要领域。

五是汉语国际传播与国家软实力建设研究。语言传播对提升国家软实力起到积极的作用，但是，通过什么途径、影响力如何测定等都是十分值得探讨的问题。这一领域的量化研究成果对争取国家对汉语国际传播事业的投入将产生积极作用。

六是汉语国际传播典型个案研究。汉语在世界各国的传播模式各具特色，传播效果有所不同，及时总结不同个案的经验与教训，对其他国家和地区的汉语传播有借鉴意义。

七是汉语国际传播的有关标准研究。标准对一个国家或地区的汉语传播来说十分重要，没有标准，无所适从，要制定标准，就必须科学规范。因此，有必要开展适合不同国家和地区的各种汉语教学相关标准研究，如汉语教师标准、不同阶段的汉语课程标准和汉语能力标准、汉语教学大纲、汉语水平测试等方面的研究。

八是汉语国际传播的项目评估体系研究。项目评估有利于确保项目效益，汉语国际传播项目众多，有必要研发相应的指标体系，用于有关项目的评估，以确保汉语国际传播项目的效益。如孔子学院评估指标体系，志愿者及公派汉语教师的离任考评指标体系等。

九是现代教育技术与汉语国际传播研究。汉语国际传播必须与现代教育技术紧密结合，汉语和中华文化教学的多媒体化已非常普及，中国汉语教学技术产品的本土化、网络汉语教学、广播汉语教学、电视汉语教学等相关课题非常有研究和应用价值，对汉语国际传播将产生巨大的推动作用。

十是汉语国际传播史的研究。据张西平教授的观点，汉语和汉字在域外的传播始于商末周初①，对几千年的汉语国际传播史的研究既具有很好的学术价值，又为我们揭开了一幅汉语走向世界的历史画卷，将激励更多的汉语教学工作者投身到汉语国际传播事业，并增强其自豪感和使命感。

结　语

汉语走向世界既是中国发展的必然结果，也是中国和世界的共同需要。汉语教学已经从中国国内转到世界各地的今天，建立国际汉语教学学科已显得非常迫切。然而，长期以来，由于汉语教学主要在国内开展，人们的研究主要集中在对外汉语教学领域，甚至相当一部分研究属于汉语本体研究，与目前国际汉语教学需求和汉语国际传播形势存在较大差距。在对外汉语教学时代快速转型为国际汉语教学时代的今天，我们的学科需要与时俱进，更多地研究世界各地与汉语教学相关的各种问题，“国际汉语教学”这一名称既能反映汉语走向世界的时代特征，又能涵盖当前和未来相当长一个时期的学科内涵，同时还能为学科发展拓展更广阔的学术空间，且学术界已普遍习惯并广泛使用。我们应该顺应时代的要求，使用“国际汉语教学”这一新的学科名称替代“对外汉语教学”这一传统的学科名称。全面启动国际汉语教学学科建设，加强汉语国际传播研究，推动汉语又好又快地走向世界。

① 张西平：在世界范围内书写中国学术与文化，《世界主要国家语言推广政策概览》，外语教学与研究出版社 2008 年 8 月版。

目　　录

第一章　国际汉语词汇教学的基本知识、内容及技巧 ………… 1

第一节　国际汉语词汇教学的界定 ………………………… 1

第二节　国际汉语词汇教学的基本知识 …………………… 2

第三节　国际汉语词汇教学的重点和难点 ……………… 15

第四节　国际汉语词汇教学的原则 ……………………… 26

第五节　国际汉语词汇教学的方法和技巧 ……………… 33

第二章　基于实践的国际汉语词汇教学模式研究 ……………… 53

第一节　国际汉语词汇教学模式的界定 ………………… 53

第二节　国际汉语词汇教学模式的相关研究（一）
——以国内高校初级汉语综合课的词汇教学为例
………………………………………………… 58

第三节　国际汉语词汇教学模式的相关研究（二）
——以缅甸初级汉语词汇教学为例 …………… 66

第三章　基于实践的国际汉语词汇教学方法研究 ……………… 76

第一节　国际汉语词汇教学中的复现教学法研究 ……… 76

第二节　国际汉语词汇教学中的形义系联教学法研究 …… 85

第三节　国际汉语词汇教学中的构词分析法研究 ……… 95

第四章　基于实践的国际汉语教材话题及相关词汇的国别化研究案例 …… 101
第一节　国际汉语教材话题及词汇国别化研究的必要性 …… 101
第二节　国际汉语教材话题及词汇选择的国别化研究案例（一）——以泰国为例 …… 108
第三节　国际汉语教材话题及词汇选择的国别化研究案例（二）——以缅甸为例 …… 122
第四节　国际汉语教材话题及词汇选择的国别化研究案例（三）——以越南为例 …… 130

第五章　基于实践的国际汉语词汇教学文化关联研究 …… 153
第一节　国际汉语词汇与文化 …… 153
第二节　国际汉语词汇教学中文化适应性的研究——以留学生拒绝语的话语表达为例 …… 156
第三节　国际汉语词汇教学中的文化词语教学研究 …… 173

第六章　基于实践的国际汉语词汇偏误及其教学研究 …… 187
第一节　国际汉语教学中近义词偏误情况的个案调查研究 …… 187
第二节　国际汉语学术写作中留学生的词汇偏误例析 …… 207
第三节　国际汉语教学中易混淆词语教学课件的建设思考 …… 211

小结 …… 219

附录 …… 227

后记 …… 241

第一章　国际汉语词汇教学的基本知识、内容及技巧

第一节　国际汉语词汇教学的界定

国际汉语教学作为一个学科确立，经历了不同的发展时期和背景，从“对外汉语教学”到“国际汉语教学”，其内涵和外延均有改变，相应地，作为语言的一个要素，汉语的词汇教学也有所不同。

我们一般认为中华人民共和国的对外汉语教学经历了四个发展阶段：（1）初创阶段：50年代初至60年代初，从无到有建立了中华人民共和国从事对外汉语教学的专门教学机构，并初步组成了一支专职对外汉语教师队伍。（2）巩固和进步阶段：60年代初期至中期“文化革命”前。（3）恢复阶段：70年代初期至后期。（4）蓬勃发展阶段：1978年至20世纪末。而在进入21世纪后，随着全球化时代的到来，对外汉语教学更是跳跃式发展，“对外汉语教学”逐渐为“国际汉语教学”所取代。王路江认为：“对外汉语教学”这一概念清晰地描述了区别于母语文教学和其他第二语言教学的学科特征。母语文教学是针对已经掌握了口语的学习者进行的书面语教学，其学习特点、学习方法都与第二语言学习迥然不同。他同时认为这一概念随着时代的发展变化，有着很大的局限，主要表现在：我们无法用它来指称世界各地对华人的汉语教学。目前不同国家的汉语教学分别称作“华语教学”、“中国语

教学"、"中文教学"等，没有一个统一的指称。而"国际汉语教学"指的是在中国本土进行的对外汉语教学以及国外所有的汉语作为第二语言教学。它比以前应用最广的'对外汉语教学'的内涵以及外延都扩大了。

作为语言教学重要组成部分的词汇教学，国际汉语教学中的词汇教学应该不只是关注境内的对外国学生的词汇教学，还应该关注世界各地的汉语词汇教学。国际汉语教学在传播汉语的同时，也肩负着传播中国文化的任务，语言与文化密不可分，二者相辅相成。除去语言中的交际文化，单就语言三要素来说，词汇是最为敏感、含义最丰富的部分，也是最能反映文化特点的部分，因此，国际汉语词汇教学时代应该更加重视文化词语的教学。从教学地域来说，国际汉语词汇教学应该包括中国大陆的汉语词汇教学、港澳台的汉语词汇教学和海外的汉语词汇教学；从教学对象来说，国际汉语词汇教学应该包括对华裔的汉语词汇教学和对非华裔的汉语词汇教学；从教学内容来说，国际汉语词汇教学包括文化词语的教学和非文化词语的教学。

第二节 国际汉语词汇教学的基本知识

汉语词汇教学离不开汉语词汇基本知识，如何将汉语词汇学的基本知识与汉语教学有机、有效结合呢？汉语本体的词汇教学应该包括汉语词汇的全部基本知识，而面向国际的词汇教学内容则与教学紧密相关，因此，我们认为大概以下几个方面的内容是首先要掌握了解的。

一、汉语词汇的组成

词汇是语言的建筑材料，是掌握一门语言的重要内容，也往往是第二语言学习者的难点。汉语词汇的数量巨大，而且是开放性的系统，就连汉语母语者也未必能掌握好。那么哪些才是需要汉语二语者重点掌握的呢？这就必须弄清楚汉语词汇的组成。

汉语词汇可以分为基本词汇和一般词汇。

（一）基本词汇

基本词汇是基本词的总和，是词汇中最主要的部分，它包含的词比一般词汇少，但却是最重要的。基本词汇有三个特点：

1. 稳固性

也就是说基本词汇使用的时间一般都很长，很稳固，在千百年中为不同的社会历史服务。如“一、二、牛、马、家、门、上、下、山、水、左、右、多”等，它们在三千多年前的甲骨文中就存在了。当然也有部分古代单音词双音化的，如“眉——眉毛、耳——耳朵、目——眼睛、日——太阳”等。

2. 能产性

基本词常被用作语素创造出新词来，是构成新词的基础。如用“水”作语素构成的词，在《现代汉语词典》中就有 160 多个，如“水泵、水表、水兵、水草”“潮水、茶水、洪水、风水”，等等。

3. 全民常用性

全民常用性是说它为全民族所共同理解，流行地域广，使用频率高。它的使用不受行业、地域、文化程度等方面的限制。总之，是大家都会使用、都能听懂的词。

（二）一般词汇

语言中基本词汇以外的词汇就是一般词汇。一般词汇的特点是，它具有很大的灵活性，经常变动。一般词汇中有的词，在语言发展过程中，也能逐渐取得基本词的性质，转为基本词。如“革命、电子”这两个词，原来并不是基本词，但现在已经是基本词了。现代汉语中的一般词汇又包含古语词、方言词、外来词、行业语、隐语等。例如“如此、如何、之、与、亦、甚”和“宰相、太监、王妃、王后”等就是古语词。“橄榄、青稞、椰子、槟榔”等表示方言地区特有事物的就属于方言词，注意有些方言词已经被吸收到普通话中了，如“名堂、把戏、垃圾、瘪三、二流子、别扭、赶趟、忽悠”等。“沙发、苏打、巧克力、啤酒、CD”等都是从外族语言借来的外来词。“正数、负数、函数”等是数学界的行业语。

1986年北京语言学院《现代汉语频率词典》（收词8548个），统计结果表明约3000个常用词语可以覆盖普通汉语语料的86%；约5000个常用词语可以覆盖普通汉语语料的91%；月8000个覆盖普通汉语语料的95%。

这里我们可以思考一下：国际汉语教学中，基本词汇重要还是一般词汇重要？一般应先教哪类词汇？答案不言而喻。明白了这个，教学词汇的选择和重点自然就应是基本词汇优先，而不会平均用力。

二、语素和词的概念及划分

（一）语素

语素是最小的音义结合的语言单位。例如，“书”的语音形式是“shū”，它的意义是“成本的著作”，所以“书”就是一个语素。再如“马虎”也是一个语素，它的语音形式是“mǎhu”，意义是“不认真”，其中“马”“虎”分开都没有意义，合在一起才表示“不认真”的意思。所以，一个语素可能是单音节的，也可能双音节，现代汉语的语素绝大部分是单音节的，如“天”“农”“而”“吗”等。甚至还有三个或三个以上音节的，如“法西斯”“巧克力”“乌鲁木齐”等，三音节或三音节以上的语素大多是从外语中借来的。

1. 语素的判定

既然一个语素可能是单音节、双音节或三音节形式，那么如何判定呢？我们多采用替代法，即用已知语素替代有待判定是否为语素的语音单位，注意，若是两个音节的语言单位，每个都得替代且在替代中要保持意义的基本一致性，若都能替代的则是两个语素，若其中一个能替代而另一个不能替代或者替代以后意义不一致的则是一个语素。按照这种办法，我们来分析一下，“蜡烛”和“马虎”分别是几个语素。

蜡——蜡烛　花烛　香烛　火烛　青烛　光烛

烛——蜡烛　蜡人　蜡纸　蜡染　蜡像　蜡笔

“蜡烛”中的“蜡”和“烛”都可以为别的已知语素所替代，可见“蜡”和“烛”各是一个语素。

马——马虎　老虎　猛虎　东北虎　壁虎　灯虎

虎——马虎　马车　马蹄　马鞍　马道　马达

“马虎”中的“马”和“虎”虽然都可以为别的已知语素所替代，但“老虎”“马车”等中的“马”“虎”和“马虎”中的“马”和“虎”在意义上毫无关系，所以“马虎”合起来才是一个语素，他们各自并不是语素。

2. 语素的分类

按照音节，语素可以分为单音节语素、多音节语素（包括双音节及以上音节的），如上述“天”和“马虎”“巧克力”等。从语素的构词能力来分，则可以分为成词语素和不成词语素。

成词语素，就是能够独立成词的语素，又叫自由语素。例如：

天　地　人　走　跑　远　重　我

谁　不　又　葡萄　橄榄

成词语素能够单独成词，也能跟其他语素组合成词。

不成词语素，就是不能单独成词的语素，必须跟别的语素组合成词。根据位置和意义，这类语素又可细分为两类：

一是不定位不成词语语素，即位置不固定，是自由的，承担词语的全部或部分意义，如“民”“语”“习”“丰”等；一是定位不成词语素，即位置是固定的，只是表示一些附加的意义，如“子”“儿”“阿”“第”等。

无论成词语素还是不成词语素都可以跟别的语素组合成词。

（二）词

词是由语素构成的。词是语言中最小的能够独立运用的音义结合单位。什么叫“独立运用”呢？所谓“独立运用”就是能够单说（单独成句）或单用（能独立承担句子成分或单独起语法作用）。例如：

他又来送信了。

句中“他、来、送、信”能够单说，“又”能单独做句法成分，“了”能单独起语法作用，所以它们都是词。

词由语素构成，而短语则是由词构成的，国际汉语词汇教学中需要注意固定短语的教学。让学生理解汉语的语素和词，可以帮助他们理解汉语词、短语的构成及意义。

三、词的分类及构词

（一）词的分类

根据词的结构，可以分为单纯词和合成词。

1. 单纯词

由一个语素构成的词叫单纯词。单纯词大多由一个音节构成，如“天、地、月、爱、把、那”等。有少数词则是由双音节或多音节构成，这些词具体又可以分为三类：

（1）联绵词，即两个不同音节表示一个意义而不能拆开成两个语素的词。根据音节特点，又可分为双声、叠韵和非双声叠韵的。例如：

双声的　参差　仿佛　伶俐　忐忑　吩咐　琵琶

叠韵的　彷徨　烂漫　从容　哆嗦　逍遥　窈窕

其他的　蝴蝶　芙蓉　蝙蝠　鸳鸯　蛤蚧

（2）叠音词，即由两个不成词音节重叠构成，但只是一个语素。例如：

猩猩 姥姥 滴滴 潺潺 皑皑 瑟瑟 叮叮

（3）音译外来词，即根据外语发音翻译过来的中文词，不管几个字，它们拆开无意义，只是合在一起表示一个语素，一个词。例如：

幽默 葡萄 咖啡 沙发 逻辑 巧克力
高尔夫 尤克里里

2. 合成词

由两个或两个以上语素构成的词叫合成词。现代汉语中大部分词是合成词。根据构成方式，合成词又可分为复合式、附加式和重叠式三大类。

1. 复合式，复合式合成词是由两个或两个以上的词根复合而成。从词根和词根之间的关系看，主要包括五种类型：

①联合型，又叫联合式。即由两个意义相近、相关或相反的词根并列在一起，主要包括下面两种情况。

A. 由两个意义相近、相关的语素构成的联合型。例如：

途径 朋友 道路 寒冷 学习 清洁
骨肉 国家 窗户 领袖 眉目 尺寸

B. 由两个意义相反的语素构成的联合型。例如：

开关 始终 大小 早晚 长短 动静 忘记 好歹

在这两类词语中，有些词语的两个词根组合成词后只偏指一个词根的意义，另一个词根的意义完全消失，如“国家”的意思只有“国”，“窗户”的意思只有“窗”，“动静”的意思只有“动”，“忘记”的意思只有“忘”，所以这类词也称“偏义复词”。

②偏正型，又叫偏正式。即前偏后正，前一个词根修饰、限定、描述后一个词根，后一个词根是中心。根据中心词根的不同，可分为两类。

1. 后一词根是名词性，即前后为定中关系，例如：

小说 大地 红茶 铅笔 汽车 热心 新潮 化石

2. 后一词根是形容词性或动词性的，即前后为状中关系，例如：

笔直 火红 雪白 冰凉 游击 好看 倾销 深入

③补充型，又叫补充式。即前正后偏，前一词根是中心，后一词根是补充说明前一词根的。根据前后词根的不同，也可分为两类。

A. 前一词根表示动作，是动词性的，后一词根补充说明前一词根的结果，是动词性或形容词性的，前后词根为动补关系，例如：

提高 缩小 改进 增强 推广 延长 展开 变成

B. 前一词根表示事物，是名词性的，后一词根表示事物的单位。例如：

车辆 稿件 纸张 书本 花朵 房间 人口 船只

④动宾型，又叫支配式，前一词根表示动作、行为，是动词性的，后一词根表示动作、行为所支配关涉的事物，是名词性的，前后词根为动宾关系。例如：

司机 站岗 注意 有限 鼓掌

领班 出席 关心 干事

⑤主谓型，又叫陈述式。前一个词根表示被陈述的对象，一般是名词性的，后一词根是陈述前一词根的，一般是动词性或形容词性的，前后词根为主谓关系。例如：

地震 月亮 心酸 蚕食 耳鸣

心疼 胆小 年轻 性急

此外，还有一些结构复杂的词语，即由三个或三个以上语素构成的复合词，其结构方式则由最大成分之间的关系决定，如“图书馆”是偏正关系的复合词，因为其最大成分是“图书”和

“馆”。

2. 重叠式，即由相同的两个词根语素重叠构成，每个词根语素可单说，例如：

姐姐　哥哥　爹爹　仅仅　刚刚

3. 附加式，即由词根和词缀构成。有的是由前缀和词根构成，叫前加式，例如：

老-　老虎　老师　　小-　小张　小李

初-　初一　初十　　阿-　阿姨　阿毛

有的是由后缀和词根构成，叫后加式，例如：

-子　桌子　胖子　　-儿　花儿　鸟儿

-头　石头　苦头　　-者　作者　读者

（二）构词

构词就是词的构成，构词法也就是构词的方法。如前述，单纯词的构词就是由一个语素构成，而合成词的构词方法主要有两种：一是词根与词根构成，一是词根与词缀构成。何谓词根？何谓词缀？这是根据构词语素的意义和功能来划分的。

1. 词根

词根是构成合成词的主要组成部分，表示词的概念意义，成词语素和不定位语素都是词根。如“汽车”“朋友”“推广”“提高”中的“汽、车、朋、友、推、广、提、高”都是词根。合成词中的复合词就是由词根和词根按照不同构成方式组合在一起构成的。

2. 词缀

词缀是加在词根上的构词成分，没有概念意义，只表示一些附加意义，且位置是固定的，定位的不成词语素都是词缀。位置固定于词根前的叫前缀，例如“老-”“阿-”“第-”“小-”“初-”等；位置固定于词根后的叫后缀，例如“-子”“-儿”“-头”“-者”“-化”等。

还有一些类似于前缀或后缀的成分，即“类词缀”，在语义上，它们跟词缀不同的是可以表示一定的概念意义。根据位置，也可分为“类前缀”和“类后缀”。常见的类前缀有：

超- 超常 超额 超载 超龄 超级 超编 超重

准- 准媳妇 准教师 准医生 准上校

非- 非金属 非导体 非卖品 非陈列品

常见的类后缀有：

-化 净化 绿化 美化 简化 腐化 洋化 西化 现代化

-家 作家 画家 艺术家 歌唱家 科学家

-员 售票员 运动员 服务员 打字员 列车员 乘务员

了解了词的分类和构词知识后，我们在对汉语学习者进行词汇教学时就能明白哪些词可以拆开讲构词理据，哪些不能拆开讲构词理据。

四、词义和语境

（一）词义

1. 词义的性质

（1）概括性 一般的词指的都是整类物或现象，而不是具体单个事物的特征。例如“笔”这个词是从各种笔，包括毛笔、钢笔、圆珠笔、铅笔、蜡笔等形状颜色各异的笔中概括出“写字画图时用来书写的工具”。任何一个词的意义都应该具有概括性，即使专有名词也不例外。例如“鲁迅”虽然是一个专有名词，却也是指称概括了童年、少年、青年、中年、老年等不同时期的鲁迅。

（2）模糊性 词义的模糊性是指词义的界限有不确定性，而这种不确定性主要是由于词所指代事物的边界不清造成的。例如“中午”同“上午”和“下午”之间就没有一个明确的界限。

（3）民族性 同类事物，在不同语言里用什么词，用几个词来表示可以不同，词义概括的对象范围也可以不同，它体现了词义的民族性。例如汉语的亲属称谓非常庞杂，而英语的就很简单，一个“aunt”既可以表示“婶婶”，也可以表示“姨妈”。除了理性意义的不同，在附加色彩意义上，也表现出民族性。例如对“龙”的色彩意义，在汉语里是中华民族的图腾象征，而英语则是凶猛的、不好的意思。

2. 词义的分类

（1）理性义　即词语意义中与概念有关的意义部分叫作理性意义，或叫概念义。例如“阐释，阐述并解释”“花，可供观赏的种子植物的有性繁殖器官，有各种形状和颜色”，词典中对词目所作的解释，主要是理性义。理性义的作用就在于给词所联系的事物划一个范围，即该词所指的事物都包括在内。

（2）色彩义　是附着在词的理性义之上表达人或语境所赋予的特定感受，也可称作附属义。色彩义又可分为：

①感情色彩　即表达说话人对有关事物的感情色彩的，可分为褒义色彩、贬义色彩和中性三类。表达赞许、褒扬感情的词称为褒义词，例如：

英勇　牺牲　忠诚　漂亮　壮丽　健康　奉献　拼搏　烈士

表达厌恶、贬斥感情的词称为贬义词，例如：

巴结　沉沦　虚伪　马虎　吹捧　奉承　懒惰
霸道　小人

既没有褒义色彩，也没有贬义色彩的词称为中性词，例如：

河流　集体　理由　结论　左右　高低　来去　士兵

②语体色彩　又叫文体色彩，经常用于某种文体的词语就会带上该语体所特有的色彩。语体色彩分为两种，一是书面语色彩，例如：

母亲　如何　无　谈话　机遇　凝聚　诚挚　眷恋
珍重　侵犯

一是口语色彩，例如：

妈妈　怎么样　明儿　聊天儿　使坏　害臊　脑袋　身子骨

③形象色彩　在理性意义之外，使人有种生动具体的感觉，就是形象感。强调其形象感的词就具有形象色彩，包括描述形态、动态、颜色、声音的词语等。例如：

云海　蛇山　喇叭花　垂柳　上钩　碰碰船

墨菊　布谷鸟　碧空

（二）语境对词义的影响

语境就是语言单位出现的环境，一般分为上下文语境和情景语境（又叫社会现实语境）。上下文语境是就语言内部说的，与词最切近最重要的上下文语境就是与该词处于同一个句子的其他词或短语。任何词都要在语境中出现，有些词可以直接在情景语境中得到解释。例如：解释"苹果""香蕉"等水果时，可以直接拿着实物说"这就是苹果/香蕉。"这种释义的方法，在汉语教学中经常会用到。

语境对词义的解释很有帮助，主要是因为语境对词义有以下几个方面的影响：

1. 使词义单一化

词往往是多义的，但在一定的语境中只是用一个义项。例如，"打"有很多义项，但在"打铁"中只有"锻造"一个义项。

2. 使词义具体化

词义具有概括性，语境则可以使词义所指变得具体化。例如，"球"指所有的球类，而在"削球""又会拦网又会扣球""踢球"中的"球"分别是指"乒乓球""排球"和"足球"。

3. 增加临时意义

语境可以临时为词义添加一些新义素。例如"观鱼"和"煎鱼"中的"鱼"就分别被赋予了新的义素［+活］［-活］。

4. 显现词义搭配的选择性

词语搭配，除了语法因素以外，词义能否互相组合也是一个重要因素，能否在一定的语境中出现，显现了词义的选择性。如“嘶”和“鸣”分别适用于“马～”“鸟/虫～”的语境中。

五、现代汉语词汇特点①

（一）汉语单音节语素多，且部分单音节语素构词能力强

基本词汇中的单音节词，也是单音节语素，具有较强的构词能力。例如由“天”构成的合成词有：

天籁　天真　天涯　天堑　天赋　天干　天下　天道

天使　天堂　天穹　天伦　天际　天成　天象　天命

天然　天性　天机　天意

（二）双音节词语占多数，但单音节词口语中使用较多

汉语词汇在发展过程中经历了双音化，古汉语中的单音节词逐渐被双音节词取代，如“目——眼睛”“石——石头”“桌——桌子”等。而现代汉语的口语交际中，单音节词使用比例还是较大的，排在前面的高频词中，有很多是单音节的，例如“的、了、人、买、学、会、个、在、吗”等。

（三）构词以复合法为主，偏正式最为常见

单纯词除外，汉语合成词的构词分为复合词和派生词。据统计，现代汉语中70%以上的词汇都是合成词，其中复合词约占96.5%。（见《现代汉语词频字典》，北京语言学院出版社，1986年）而相关研究表明，汉语复合词的五种常式中，以偏正式为最常见。（见许敏《汉语水平词汇等级大纲双音节结构中语素组合方式、构词能力统计研究》，2003北京语言大学硕士学位论文）。例如“球”“车”为中心词，其他球和车都是通过偏正式语素组合形成新词的：篮球、足球、排球、网球、羽毛球、乒乓球等；汽车、火车、马车、自行车、轿车、公交车、卡车等。

---

① 周小兵主编：《汉语知识与教学技能》，北京语言大学出版社，2015年版。

（四）汉语构词理据性强，词义透明度高

汉语词语的构词以复合式为主，很多词语的意思可以从所构成词语的语素意义中推测出来，透明度较高。例如："冰箱""看病""梦想""提高"等都能根据构词方式和语素的意义加以推测。

（五）近义词数量多

意义相近的词语都会有自己相应的语用场合和环境。汉语的近义词是非常多的，而且也存在不同音节数量上的近义词。例如：

衣——衣服——衣裳——服装

美——美丽——漂亮——好看

头——脑袋——脑袋瓜

干——做——行动

念头——想法——动机

（六）同音词数量多

汉语的音节数量有限，大约只有 1300 多个可以辨别的音节。有限的音节造成了汉语中存在大量的同音词。这些同音词包括同音同形的同音词，例如：

花（花钱）——花（花朵）

汤（姓）——汤（菜汤）

拐（拐弯）——拐（拐杖）

猛（猛士）——猛（猛一下，即突然）

也包括同音异形的同音词，而且这类占同音词的多数。例如：

四——寺——似　　实力——实例

著名——注明　　清白——青白

（七）存在一定数量的叠音词和叠音形式的词

叠音词是重复同一个音节所构造的词。通过叠音词的使用，能够传神地描写出人和物的音、形、情、态，例如："小鸡唧唧，小鸭嘎嘎。"叠音词声音回环往复，容易使人记住，还能表达亲切爱怜的情感。常见的叠音词词形为"AAB""ABB""AABB"等。

例如：

AAB类　面面观　呱呱叫　团团转　娘娘腔　泡泡糖
　　　　毛毛雨　飘飘然

ABB类　乐呵呵　乱哄哄　亮晶晶　傻乎乎　兴冲冲
　　　　眼巴巴　绿油油

AABB类　平平安安　明明白白　快快乐乐　简简单单
　　　　大大方方　男男女女

掌握相关汉语词汇基本知识是汉语国际教师的必备素质，但我们似乎不能每课都能将生词按照词汇系统来有机组织，因为有的只是主体意义的联想，从词汇系统角度展开会增加学生不必要的负担，特别是对初级阶段的学生。因此，我们这里所选的汉语词汇基本知识并不要求国际汉语教师在教学时同时全部用上。

第三节　国际汉语词汇教学的重点和难点

一、近义词

近义词是指词汇意义相近的词语。汉语中有较多的近义词，近义词的存在使汉语的表达更加丰富，但汉语学习者经常在近义词的学习中感到困难。因此，近义词既是汉语词汇教学的重点，也是难点。

（一）近义词的偏误类型

根据前人研究成果，我们可以将留学生汉语近义词的偏误大致分为三类。

1. 理性意义极为相近的近义词误用。例如：

（1）她的衣服有色彩很漂亮。（应为：她的衣服的颜色很漂亮。）

（2）我怀念我的老朋友是小学时代。（应为：我想念我小学时的老朋友。)

例 1 中，“色彩”表示多种颜色或某种鲜艳的颜色的显现状态，而“颜色”侧重表示某种物体表面让人感到的颜色，多用于具体的事物属性，例句是想表达“衣服”表面的颜色怎么样，所以当用“颜色”而非“色彩”；例 2 中，“想念”和“怀念”都有“惦记、挂念”的意思，但“怀念”带有庄重的色彩，具有书面语体色彩，且常用于对已故的人的思念。句中是对老朋友的挂念，所以改用“想念”更妥当。

2. 理性意义差别较大，但附加义不同的近义词误用。这些词的理性意义虽然对母语者来说差别较明显，但对于汉语作为二语的学习者来说，由于缺乏语感，也会因为有相同语素而弄错。例如：

（1）妈妈调动家里的东西。(应为：妈妈搬动家里的东西。)

（2）这次比赛取得了满意的后果。(应为：这次比赛取得了满意的结果。)

例 1 中，“调动”的对象常与人有关，如“调动部队、调动工作”等，而句中是移动家里的东西，所以当用“搬动”。例 2 中，“结果”与“后果”都有“事物发展最后状态”的意思，不同的是，“后果”一般指“坏的结果”，根据句义，当用“结果”。

3. 词类误用。有些词，意思差不多，且含有相同语素，但因为词性类别不同，在句中的功能、搭配、结构和用法就会不同。这也是因为外部形态上存在相同语素的缘由，会让留学生产生近义词的错觉。例如：

（1）这些流传很有意思。(应为：这些传说很有意思。)

（2）我刚才学汉语四个月。(应为：我刚学汉语四个月。)

例 1 中“流传”是动词，其主要句法功能是作谓语或定语，不能在句中做主语，所以应用名词性的“传说”。例 2 中“刚”与“刚才”意思相近，但词性不同，“刚”是副词，表示事情发生的时间与当时很贴近，动词后面可用表示时间的词语，而“刚才”是名词，强调刚刚过去的时间，句中动词后不能再用表示时间的词语。例句中动词后有表示时间的“四个月”，所以不能用“刚才”，只能用“刚”或“刚刚”。

（二）近义词的辨析角度

对近义词差异进行辨析，通常可以从语义、语法和语用几个角度进行：

1. 语义上的不同

（1）语义轻重不同。例如：

缺点——不足：都表示人的言行存在不完美之处。

我有很多缺点。（语义上程度重）

他有很多不足。（语义上程度轻）

类似的还有“失败——失误、了解——理解”等。

（2）语义范围不同。例如：

体力——力量：都指力气或气力。

我今天体力不支，太累了。（仅指“身体发出的力气”）

我尽一切力量完成任务。（除了指身体上的气力以外，还指代“人具有某种能力”）

类似的还有“问——打听、天气——气候、边界——边境”等。

（3）语义抽象与具体不同。例如：

车辆——车：都指车

马路上车辆来来往往。（集合名词，表示抽象概念，不能接量词）

那辆车在马路上开得飞快。（具体名词，可以接量词）

类似的还有“人民——人、信件——信”等。

（3）语义描述或涉及对象不同。例如：

请求——要求

我请求领导批准我的申请。(下级对上级)

经理要求每个员工都要尽职尽责。(上级对下级)

类似的还有“您——你”等。

2. 语法上的不同

(1) 词性不同。例如:

难(形容词)——困难(形容词/名词)

这道题很难。(形容词作谓语)

这个字很难写。(形容词作状语)

生活很困难。(形容词作谓语)

刚到中国时,他遇到了很多困难。(名词作宾语)

类似的还有“经验——经历、愿望——希望、忽然——突然、合适——适合”等。

(2) 搭配不同。例如:

参观——拜访:都为动词,但前者搭配地方,后者搭配人。

我们这次参观了北京的好几处名胜古迹。(地方)

我特意拜访了唐老师。(人)

类似的还有“爱护——珍惜”等。

(3) 句式不同。例如:

赶快——赶忙:都表示快,都可用于陈述句,前者还可用于祈使句。

他赶忙/赶快起身给老人让座。(陈述句)

赶快走,不然就迟到了!(祈使句)

*赶忙走,不然就迟到了!

3. 语用上的不同

(1) 感情色彩不同。例如:

保护(中性)——庇护(贬义)

我们应该保护环境。

不要庇护坏人。

骄傲（褒义/贬义）——傲慢（贬义）

他是中国人的骄傲。(褒义)

骄傲自满是我们前进路上的大敌。(贬义)

类似的还有“结果——后果”等。

(2) 语体色彩不同。例如：

妈妈/爸爸（口语）——母亲/父亲（书面语）

老婆（口语）——妻子（书面语）

头儿（随便、不够礼貌）——领导（庄重、礼貌）

闪开、让开（随便、不够礼貌）——劳驾（礼貌）

类似的还有“办法——措施、吓唬——恫吓、告诉——告知”等。

(三) 近义词的教学方法

1. 语境教学

即先列举近义词出现的例子，让学生在具体例句中感受和理解近义词的不同意义和用法，然后教师从语义、语法和语用三个方面的具体差异上进行总结和归纳。例如“认识”“了解”“知道”这三个近义词在英语中都是“to know”，如果仅仅从语义角度出发，很难将这几个词解释清楚。倘若将这几个词放到一定的语境中进行辨析，就会起到“事半功倍”的效果。

教师在上课时可以创设这样的语境：(T 教师 S 学生)

T：大家知道姚明这个人吗？

S：知道，他是篮球运动员。

T：xxx，你认识姚明吗？

S：不认识。

T：姚明是什么时候进入国家队的，你了解吗？

S：不了解。

接着，教师可以问班上另外两位熟识的同学玛丽和大卫。

T：玛丽和大卫，你们认识多久了？

S（玛丽）：我们认识两年了。

T：玛丽，你知道大卫喜欢吃什么吗？

S（玛丽）：知道，他喜欢吃饺子。

T：玛丽了解大卫，知道大卫喜欢吃饺子。

然后，教师进行总结："认识"与"知道"都是比较浅层的认知水平，不同的是，"认识"是直接的，而"知道"是间接的。比如"我认识山本"，一定是见过山本这个人，而"我知道山本"则不一定见过山本本人。"知道"和"了解"都是对事物有一定的认识，但是，"知道"是比较浅层的，"了解"则是"知道得清楚"，比"知道"的含义更深，更详细。"认识"与"了解"同样也是"了解"比"认识"的语义更深刻，获得的信息更多。

2. 语素对比教学

由于很多近义词含有相同的语素，所以对比其不同语素的意义就很重要。虽然词的语素义不可能完全反映词义，但是，词的语素义对辨析词义无疑具有启发意义。比如 2007 年 HSK 真题（基础）B07C12H 中阅读理解的第 96 题：

朋友们常问我，你今年都 70 岁了，看起来像 50 多岁，你是怎样________身体健康的呢？

A. 保卫　　B. 保存　　C. 保留　　D. 保持

"保卫"一词很容易辨析出来，而"保存""保留""保持"由于都是动词，且又有相同的语素"保"，其区别点就主要在不同的语素上了。

"保存"着重于"存"，使继续存在，使不失去。一般用来形容具体的事物，比如"保存照片"，"保存食品"。

"保留"着重于"留"，与"去"相对。一般形容概念、意念上的东西，而不是具体的事物。比如"保留意见""保留想法"。

"保持"着重指持续不断，维持某种状态，是一个变化的动态过程。对象是"事物的状态和人的活动。"比如"保持安静"，

“保持健康”，“保持联系”等。综上所述，选项 D 最恰当。

二、多义词

如何让学生真正掌握一个生词语的意义和用法，这是汉语词汇教学的重点，还需要下功夫。首先，每个词都有基本意义和常用意义，有词内的理性和非理性意义，也有词的多个词外义项意义，有纵向历时演变意义，也有横向共时的平面意义，有静态的语言意义，也有动态的言语意义。到底怎么教一个词语的这些意义呢？汉语一词多义的现象很普遍，特别是一些常用词。我们认为，教学中应该注意以下两点：

（一）梳理各义项之间的联系

因为新的义项出现，往往让留学生以为是一个新词，这就需要教师运用归纳的方法帮学生梳理和记忆，建立一个词语多个意义之间的联系。例如：

“爱”是汉语中的高频词汇，在《（汉语水平）词汇大纲》里属于甲级词汇，留学生较早学习。在《现代汉语词典（第七版）》（2016）中的解释如下：①动词，对人或事物有很深的感情；②动词，喜欢；③动词，爱惜、爱护；④动词，常常发生某种行为；容易发生某种变化（通常是说话人主观上不愿发生的）；⑤名词，姓。除去第 5 个义项，前面四个可以分为两类：爱 1 表示情感义，爱 2 表示惯常义。实际学习中，留学生前三个义项的“爱”使用准确率较高，而义项④却很少使用，使用的准确率也很低。教学中，我们应该先教爱 1 的语义和用法，可带“着”“了”“过”等时体标记，后面可接名词也可接动词。在学过爱 1 的意义和用法后，等到接触爱 2 的意义时，教师首先应该梳理爱 1 到爱 2 的语义引申脉络，即对人和事物有很深的感情→倾向性接触→惯常性这一引申轨迹，然后指出爱 2 的用法，同时将两种意义用法进行归纳和对比：

他平时不爱1活动。(可用“喜欢”代替)

北方人爱2吃面食，南方人爱2吃米饭。(可用“习惯”代替)

当然，“爱”的这4个义项不是一开始就全展示出来的，当学生汉语水平到一定程度时，就可以进行如上的归纳总结了。所以多义词的教学要求教师对学生水平有充分的了解，对多义词的几个义项要有全面的了解，才能在教学时做到循序渐进，并有所取舍。这也是国际汉语教学中对多义词教学的一般原则。

(二) 在具体语境中教学

例如，“要”常用的义项有三个，具体是哪个义项，就需要教师利用具体语境了。

我要一斤苹果。(“希望得到”义)

我要复习，不能去玩儿了。(“做某件事的意志”义)

去天安门要先坐690路。(“需要、应该”义)

当然，具体教学过程中，对于多义词的多个意义的教授，也不能一次呈现，而应该根据义项的难易程度和常用性，按照适合学生水平的方式有序进行。

三、易混淆词

与同义词和近义词不同，易混淆词的名称来自对外汉语教学实践，是着眼于留学生对汉语理解和使用中容易出现混淆的词语，不只包括汉语本体研究中的同义词或近义词，而且还包括意义不相关甚至由于留学生的主观认知而造成的其他易混淆的词。

(一) 易混淆词的类型

除去前面所述的同、近义词，从发生混淆的因素看，可分为以下几类：

1. 因声混淆

这主要表现误读，即将双音节词中的一个语素单独出现或作为语素出现在其他词语中时，学习者常常会将其读成双音节词中并未出现的那个语素的语音形式。例如：

*上课时你很少发语（言），为什么呢？

*从前人们见面打招呼时话（说）：“吃了吗？”

2. 因形混淆

因汉字字形相似而导致学习者常常发生的误读误用。例如：

*我高高兴兴地付了十元钱，匆忙地住（往）医院跑。

*把东西递给人家的时候，要想看（着）人家是不是方便。

3. 同译混淆

一种语言中两个或几个不同的词在另一种语言中可能是同一个词，汉语学习者可能就会造出如下句子：

*晚上我很饿，吃了三碗大米。

*周末的时候，我打足球。

“大米”应为“米饭”，而“打”则应为“踢”。

（二）易混淆词的教学

1. 针对因声混淆词的教学

这类混淆情况根本原因在于学习者对于双音节词中两个语素的熟悉程度不同，教授者要有意识地提高出现率低的语素的复现率，给学生展示有其参与的其他词语。例如：“语言”中的“言”可以构成“言论”“言谈”，给学习者举出这样的例词，并适时地给出包含具体的语言环境的句子，从而加深其印象。

2. 针对因形混淆词的教学

非汉字文化圈的学习者对于汉字的笔画不敏感，对于多一笔少一笔的变化注意不够。解决这个问题的办法在于加强汉字的教学，引导学习者对不同汉字字形的注意，并做有意识的形近字对比组词练习。例如：

住（住在）	外（外面）	手（手机）	大（大小）
住（住在）	外（外面）	手（手机）	大（大小）

3. 针对同译混淆词的教学

如英语的“old”对应汉语的“旧”和“老”，“visit”对应汉语的“参观”和“访问”，“rice”对应汉语里的“米饭”“米”和“稻谷”，“play”对应汉语中的“玩”“打”“踢”“弹”等；另一种情况是一个汉语词对应两个或多个外语词，比如，“看”在不同的情况下对应不同的英语词“look”“read”“watch”“see”等。对这类易混淆词语的教学要循序渐进，即根据学生的水平分期分批地讲解相关义位，最后总结归纳，并注意给学习者提供充分的语境，充分发挥语境解释规定词义的作用。

四、成语

成语有固定的格式、独特的韵律结构以及丰富的内涵，是国际汉语词汇教学的重要组成部分。跟一般的词语相比，成语在形式和内容上有自己的特殊性，因而也是外国学生在学习汉语时常常遇到的难题。除了书写形式难，语义理解难以外，成语的使用是汉语学习者们学习的最大难题。

参考第二语言教学的各种手段，有研究者，如夏莉萍（2010）针对成语的语音、结构、语义以及历史源流等方面，提出了一系列教学的方法。这里，我们从成语语音、结构和语义等各个要素，总结以下五个方面的教学方法。

（一）对成语的语音和结构采用直接法、听说法

成语是以四字格为基本形式的，在韵律方面，四字格成语的韵律都被读成“2+2”格式。对外国学生进行成语教学，首先要让学生掌握成语在语音和结构上的特点。要求学生在掌握语音和结构特征的基础上反复地练习，直到熟练掌握，特别是对那些韵律和语义结构是一一对应的动宾式、联合式、偏正式、并列式成语。例如：舍己救人、崇山峻岭、四平八稳、众叛亲离等。有些成语虽然在语义上并不是“2+2”的结构，但由于语音和谐的要求，也

被读成了“2+2”的结构。如“身无长物、民不聊生”的语义上是“1+无（不）”。

“身无长物、民不聊生”语义上是“1+无/不+2”的语义结构，“旁观者清、当局者迷”是“2+者+1”的语义结构，但在读音上跟其他成语一样，都读成了“2+2”的格式，这些特殊的格式也需要反复练习，才能熟练运用。

（二）对成语字义的解读，采用翻译法、自觉对比法

了解成语，首先要了解成语中各个汉字的字义。有些成语如果对其组成部分的各个汉字的字义了解以后，整个成语意思的理解就水到渠成了。例如“三言两语、目不转睛、安居乐业”，只要知道了其中“言、语、目、睛、居、业”的含义，就不难理解整个成语的意思。对成语中古今字义差异大的尤其要注意，例如“短兵相接、不速之客、不刊之论”，这些成语中的“兵、速、刊”分别表示“兵器、邀请、修改”等意思，跟今天的“士兵、迅速、刊登”等含义有很大的差别。

（三）对有特殊规律的成语的教学，采用认知法

认知法学习固定格式的成语有很大的帮助。例如：

1. 不×而×。由“不×而×”的格式构成的成语，第二个字是名词或动词，第四个字是动词。这类成语，大都表示虽不具备某条件或某种原因却产生了某种结果。例如不约而同、不劳而获、不言而喻、不教而诛、不寒而栗、不谋而合、不期而遇、不胫而走、不翼而飞等等，都表示一种意外的结果。

2. 不×不×。由“不×不×”格式构成的成语，第二、第四个字，大都是虽为同类却意思相对的词。这类成语，都表示“既不……也不……”或“如果不……就不……”，例如不伦不类、不骄不躁、不闻不问、不亢不卑、不塞不流、不破不立等。

3. 千×万×。由“千×万×”格式构成的成语，其中的“千、万”表示数量多的意思，表明丰富或繁杂或程度深的意思。例如

千头万绪、千变万化、千疮百孔、千言万语、千真万确、千军万马、千家万户等等。

（四）对成语的历史文化背景，采用视听法

对于一些有着悠久的历史来源和典故的成语，最适宜的教学方法就是采用视听法。即将一些成语故事做成课件或动画的形式，以故事情节的形式讲述出来，充分调动学生视觉和听觉的能力，在掌握故事情节的基础上了解成语丰富的内涵。例如“叶公好龙”“愚公移山”等都比较适合用动画故事的方式教学，这样不但让学生学理解了成语的含义，对于成语的来龙去脉也会有明确的认识，进而掌握成语的语用环境。

（五）对成语的使用，采用偏误分析教学法

成语的使用之难，表现为学生往往理解了成语的含义，却不知怎么正确用到句子中去。因此，对成语使用的偏误进行分析讲解，可让学生更深刻地理解成语的用法。例如：

那里的山层峦叠嶂。（混淆词性）

放假了，走过荒无人烟的教室，我很怕。（动宾搭配不当）

我和我邻居相敬如宾。（语用环境有误）

当然，无论针对成语哪方面的教学，采用何种方法，都离不开反复、大量的练习。

第四节　国际汉语词汇教学的原则

依据汉语词汇本身的特点和国际汉语教学的特点，汉语词汇教学有一些基本原则，需要在具体的词汇教学中去遵循。

一、基本、常用、急用先教原则

汉语作为第二语言的教学，很注重培养学生运用语言进行交际的能力，所以词汇教学也是注重先教授在日常生活中常用的基本词语，强调实用性，由简到难。这与区分频度原则是一致的。实际教学中，词汇的教学主要是通过教材来实现的，而教学常用词也是通过教材词语的选取与编排而得以体现。教材词汇的选取主要是参考已有的汉语词汇大纲，目前比较重要的两个大纲是《汉语水平词汇与汉字等级大纲》（国家汉办 1992 年版）和《汉语国际教育用音节汉字词汇等级划分》（国家汉办、教育部社科司 2010 年版），这两个大纲都是以频率统计为重要基础，综合对外汉语教学和学生学习角度筛选制定出来的。按照常用性和难易程度，《等级大纲》中 8822 个汉语词汇共分为甲级（1033 个）、乙级（2018 个）、丙级（2202 个）和丁级（3569 个），《等级划分》中 11092 个词语分为普及化词语 2245 个，中级词语 3211 个，高级词与 5636 个。各级别水平的教材一般都是按照词汇大纲词汇级别来选取，因此，按教材的安排进行词汇教学也就是遵循“常用先教”的教学原则。具体到每一篇课文，生词表也会有甲乙丙丁词汇等级的标注，教师教学则应该根据学生水平，按照“常用先教”的原则选取重点词汇进行教学。比如针对初级汉语水平的学生，教师就应先选取甲级词汇重点进行教学，而不是选取丙级丁级甚至超纲词汇进行教学。例如：

《博雅汉语》（起步篇Ⅰ）第四课“图书馆在哪儿”有 16 个生词，其中有如下生词：

1. 图书馆　2. 在　3. 哪儿　4. 请问　5. 教学　6. 北边　7. 左边　8. 不用

对这八个生词，教学时就应该区分，哪些是需要作为重点词先教的，按照等级大纲，其中 1、3、4、6、8 是甲级词，2、5、7 是乙级词语，对于刚开始学汉语的学生，甲级词语自然是教学的重点。我们不可能要求他们掌握每课的所有生词，因此教的时候应该有所选择和侧重。

当然，有些词汇虽然不是甲或乙级词，而是丙、丁级词甚至是超纲词，但跟学生的日常生活密切相关，尤其是学生主动提出想知道用汉语怎么表达的急用词，教师也应该教给他们，这也就是所谓的“急用先教”的原则。例如：

学生在宿舍经常用到拖地的“拖把”，但不知道用汉语怎么说，教师应该及时告知；学生经常用“电插座”“接线板”和“充电器”，在交流时也不知道怎么说，他们需要时，教师就应该告诉他们；还有现在常用的“手机”“电脑”“网络”“微博”“微信”等词语，也是学生生活中常用的，虽然可能是超纲或丙丁级词，教师也应该教给学生。

二、教学目标和对象分层分级原则

与汉字的教学联系起来，汉语词汇的教学也与之相类似，一个重要的原则就是分级分层次的教学原则。例如，按照汉语教学的四个技能要求“听、说、读、写”来分，对于初级汉语水平的汉语学习者来说，甲级词需要全面掌握四个方面，即要“会听、会说、会读、会写”，而乙级词汇只需要他们“会听、会说、会读”，至于丙级词汇可能只需要他们“会听、会说”，丁级词汇可能只需要他们“会听”。

词汇教学的分级分阶段原则，也包括针对不同阶段的学生对象，要注意初级和中高级词汇教学的区别。初级阶段的词汇多是与日常生活有关的，是教学的重难点，而到了中高级阶段，词汇量增加了，词汇学习的难度也增加了，同音词的问题、同义词的问题和多义词的问题就应该是教学的重难点了。初级词汇多是常用的、基本的，而且词义应该是常用义，教学就是教给学生这些词语的意义和用法，也可以用语义场的理论，将同一主题下的词汇分集合系统教学，如人体部位词语，还有“称呼词语集合、数字集合、时间词语集合、日常生活起居词语集合、办公室词语集合、饮食词语集合、交通词语集合”等。(焉德才 2006) 而高级阶段的教学一定要注意词汇语义内部网络纵向的梳理，将旧词新义串起来，将汉字部首意义也要加进去，如“踢球和打球”的区别等。还有词汇语义外部网络的横向梳理，如形容词加在名词前，可说“小姑娘”，但不说“美丽姑娘”，要说“美丽的姑娘”；伟大不能重叠用，不能说“伟伟大大的祖国”等，要注意总结这些特例词语的规律。

三、语素、字和词结合的原则

汉语的语素、字和词三者联系紧密，因此在教学中必须把握三者结合的原则。在讲一个新词时，要把那些常用的、构词能力强的语素的意义教给学生。学生在学会了一个语素的基本意义之后，再接触由这个语素组成的其他新词时，就会根据该语素义去理解和记忆新词词义。这样，可以减轻学生的学习负担，也方便学生以后的自主学习。例如：在教“丢失”这个词时，“失”是一个构词能力较强的语素，如果我们教给学生“失”的语素义，那么，学生遇到“失学”“失信”“失职”等生词时，就可以根据“失”的语素义进行猜测。可见，把语素分析作为词汇教学的基础，可以大大加快学习生词的速度，帮助学生迅速、有效地扩大词汇量。

汉语的词不同于拼音文字的单词，它是以一个个的汉字为基本书写单位的，绝大多数汉字自身都有意义，在单个汉字作为语素与其他语素组合成词的时候，往往仍保留有原来的意义。复合词的词义与语素义及词的结构都有关系。汉语中，由语素组合成词的构词法主要有复合法和附加法，用语素义解释词义时，结合构词法，说明语素与语素之间的各种不同关系，使学生在理解运用词语时能举一反三，较快地扩大词汇量，并加深对汉语语法结构的理解。从认知的角度，让学生认识一些构词的基本模式，利于学生掌握语素之间的作用关系，比如联合结构中的并列关系、动宾结构中的支配关系、主谓结构中的陈述关系、偏正结构中的修饰关系以及补充结构中的解说关系等。对附加法构成的词汇，也可以适当讲解，让学生对汉语的构词规律有一定的了解和掌握，如准后缀“化”表示“转变成某种性质或状态”，一般用在名词或形容词之后，如美化、简化、强化、自动化等，教师举些例子后可让学生自己用“化”构词。

总之，学生掌握了一定量的字义或语素义以及构词法后，就能以简驭繁，迅速扩大词汇量，快速进入更高层次的汉语学习。

四、组合和聚合关系结合的原则

组合关系和聚合关系是词汇的两种基本存在形式。组合关系讲的是词语搭配，聚合关系讲的是词语类聚。

词语搭配是词汇教学中的一个重要环节，学习词义的同时应掌握词的用法。例如“参观”和“访问”这两个词，都可以充当句子的谓语，都可以解释为英语的“visit”，因此，教师可以利用词语的搭配进行讲解，“参观”的宾语可以是某地，不能是人，“访问”的宾语既可以是某个地方（国家、城市），也可以是人。再比如，要解释“拥有”和“具有”这两个词，二者的核心意义都是“有”，但与之搭配的事物不一样。与“拥有”组合的事物多为具体的，人口、土地、财产等，与“具有”组合的多是抽象的事物，例如：具有坚定的信心，具有重大的纪念意义等。离开了用法的词义，学生也很难真正理解，并且容易套用母语中与之对应的词的用法，产生母语的负迁移。因此，除了通过翻译（给对应词，注释的方式解释词义）外，还要通过词的搭配形成词组，词语例解来引导学生领会，理解该词的意义和用法。大家经常遇到这样的情况，学生会说出类似“张三结婚李四”“王五见面赵六”的句子。有学者就提出，汉语作为外语教学的全过程也就是汉语语言模式的构建和匹配，应把搭配问题贯穿于汉语学习的始终。因此，我们应该重视词汇的搭配问题，在教学中牢牢把握这一原则。

因为词汇教学的另一重大任务是扩大词汇量，对于词语中某个语素有类聚作用的，我们不妨利用横向联系的方法，把带有该偏旁或该语素的其他词也教给学生。例如讲“扌”旁的字“抛”时，可以把“投”“掷”“扔”等表示手部动作的其他动词也教给学生。例如讲到“酒鬼”时，我们还可以讲“机灵鬼”“胆小鬼”“小气鬼”“吝啬鬼”“醉鬼”“色鬼”“酒鬼”等。这样便于学生联想记忆，同时也扩大了学生的词汇量。当我们解释一个上位词时，如果借助词的聚合关系说出下位词，学生就能基本掌握这个上位词的含义。例如，要讲解“家具”这个词，我们可以罗列一些属于“家具”范畴的词，如椅子、桌子、衣柜等，说它们都是家具，学生就能理解“家具”这个词的含义了。

五、词语释义的准确、适度原则

解释词义要准确，就要注意以下几个方面。首先，应尽量避免简单的循环释义，例如，讲“A”和“B”两个词，如果我们告诉学生“A 就是 B，B 就是 A”，这就是简单循环释义，在学生不知道 A 和 B 区别的情况下，不但不会运用这两个词，还会造成偏误。其次，也不要单纯地用词典释义去解释，例如，在解释“充满”这个词时，有的教师这样解释：“充满”就是“填满、布满的意思”，比如说“充满希望”。学生会马上问，“碗里充满水”行不行。第三，要把词的内涵揭示出来。例如，有的老师在解释“加强”时说“加强”就是“多做某件事情”，结果学生就造出了这样的句子：“我们要加强吃饭”“我们要加强休息”等。如果能把“加强”一词“使之坚固或更有效”这样的含义揭示出来，学生就不会犯上面的错误了。最后，还要注意避免用与词的某一义项对应的英文去释义，因为一个汉语词往往有几个义项，每个义项对应不同的英文意思。如果用某一义项的英文来解释，学生就会把与该英文对应的其他词语当成该词来使用，例如，“联系”可以用“touch”来解释，但是反过来，“touch”还有“接触”的意思，于是，在该用“联系”的地方学生用了“接触”，例如“从此我一次也没有接触过她，但是她一直在我的记忆中”。

除了准确，词语释义还要本着循序渐进的原则，适度讲解词的多个义项。首先要把握好一个词的几个义项，当学生接触一个新词语时，不能将该词的几个义项一下全都抛给学生，该讲哪些义项，不该讲哪些义项，应有所选择。一般来说，如果该词在课文中涉及的是它的第一个义项，那么后面的义项可以不讲解，除非是日常交际中经常用到的；如果课文出现的是第二、第三个义项，那么第一个义项一定要讲解。这样做的目的是让学生领会词的义项之间的联系，尽快掌握一个词的相关义项。例如“能”这个词，词典一般都有这样几个义项：①能力；②物质做功的能力；③有能力的；④能够。我们可以很清楚地看出这几个义项之间的关系，“能力”是其基本义项。在给学生讲“能手”“能人”时，就有必要先讲一下“能”的“能力”这个义项。

词汇教学除了以上五大原则，还有结合句子语境教学、重现复习教学等原则。在国际汉语教学的过程中，很多词是很难用已经学过的词语来解释的，这时，语境就发挥着至关重要的作用，只要老师给出一个句子，学生基本上就能掌握这个词语的意义和用法，例如：动词“打”有十多种用法，“打人”“打铁”“打伞”“打酱油”……中的“打”只有在句中才能理解和掌握其意义和用法。同时，这种词的教学与句子教学相结合的教学，也可以培养学生利用上下文猜测词义的能力。此外，很多对外汉语教师都会遇到这样一个问题：昨天刚学的词，学生今天怎么就回忆不起来了呢？根据人的记忆规律，教师要引导学生加强对词汇的重现和复习教学，以减少学生的遗忘，帮助其将短时记忆变为长时记忆。

第五节　国际汉语词汇教学的方法和技巧

学习者掌握的汉语词汇主要是通过对生词的学习而得来，词汇教学常常就是生词的教学。如何教课文的生词语呢？我们认为，生词语的教学决不只限于一张生词表，绝不只是在讲课文之前教师领读几遍而已。根据从易到难的原则，生词表上的单词一般只给一个与课文内容相关的意义，以后再出现这个单词，尽管意义和用法都不相同，也往往就不算生词了。生词表上的注释一般都采用对译的办法，而且往往是一对一的翻译，如：今天 toady；boy 男孩子。采用这种方法教词汇的意义和用法，久而久之，就会在学生中养成汉语和母语的语汇之间一对一关系的错误印象，而一旦学生养成这种错误印象，对汉语词汇教学是十分不利的。生词表上的注释不可能像详解词典的注释那样详尽，但是应该一开头就让学生明白两种不同语言的语词之间不存在一一对应的关系，绝大多数的语词不止一种意义，而且不同语言的语词，语义范围可以很不相同。胡明扬先生就强调过，碰到两种在语义或用法上有较大差别的语词应该适当讲解，讲清楚这些语词的特点，防止母语的干扰。①

生词教学分为词汇展示、词汇解释、词汇练习三个主要步骤，此外还包括一个词汇积累的环节，而这每个步骤环节都是为了达到一定的目的。词汇展示，主要是解决生词的“音”和“形”的问题；词汇讲解，主要是解决生词的“义”和“用”的问题；词汇练习，主要是解决词语前四个方面知识巩固的问题；词汇积累，

① 胡明扬：《外语教学的几个理论问题》《语言教学与研究》，1990 年第 4 期。

则主要是解决复习和扩大词汇量的问题，每一个步骤和环节都至关重要。词汇教学过程中，如果教师只是死板地照着生词表和各环节教学，效果肯定不好，所以，教学的方法和技巧就显得尤为重要。下面我们就按照词汇教学的四个步骤和环节来谈谈词汇教学的方法和技巧。

一、词汇的展示方法和技巧

为什么要展示词汇？这相当于要认识一个人，先得给人一个易感知的外形形象，而教师在对生词进行亮相时，就应该注意怎么吸引学生，而且让这些词的语音外形和字体外形能深深地烙在学生脑海里。学生对生词的感性认知是通过第一印象建立的，所以，词汇展示这一环节是学生学好生词的前提。

按照内容，生词的展示可以分独词展示和综合展示两种大的方法。

（一）独词展示

独词展示就是一个一个地独立展示生词。独词展示的方法有很多，例如听写、领读、认读、卡片、实物、图片、动作表情展示等。

听写，常常是在上节课布置学生预习的前提下为加深学生对目标词的形体印象而进行的展示；领读、认读则是根据教材生词的顺序，教师示范正确读音，带着学生读，让学生一起或单个认读。听写、领读和认读是传统生词教学常用的方法。

一般来说，人们感知的信息材料越直接、越具体、越鲜明，记忆效果就越好。因此，生词展示时要增强直观性、立体感，尽量使生词与相应的情景和实物联系起来，这样学生就理解得快，记得牢，而且能够较好地排除第一语言的干扰。注重刺激学生感知器官的生词展示方法包括卡片、实物、图片和动作表情等。

卡片是教师通过生词卡片的方式来展示词汇，这样，不仅方便灵活，而且可以节省时间。一般来说，汉字写在卡片的一面，另一面写上拼音（对于可以画出实物的也可以加上画）。使用卡片展示汉字可以先拼音后汉字，也可以先汉字后拼音，而且教师要适当结合字形给出字义，达到音、形、义的全面介绍。

实物和图片展示，则是先给学生视觉上的冲击，让学生感知目标生词所指对象，然后让学生进入相应词汇读音与形体的匹配学习。这种方式能激发人的兴趣，特别适合对少儿进行词汇教学。例如，利用课堂中可以取得的实物，像铅笔、电脑、课桌、书包等，还有像苹果、香蕉之类的水果等可带到课堂上来的实物，都可用来进行实物展示，以帮助教学。而教“春天、夏天、秋天、冬天、四季”这些词，可以向学生展示关于四季的画儿、图片或照片。有些热带或寒带地区的学生没有四季的概念，通过这样的方法，就可以把这些词和它们所代表的概念联系起来。

动作表情展示，是教师通过演示相关的表情和动作，来引发学生的学习兴趣，进而展示汉语相关词汇，常用于表示表情或动作词汇的展示。例如，教“高兴、不舒服、难过”等词语时，老师可以用相应的表情解释词义，也可以让学生表演。教“推、拿、提、扛、背、拉”等动作动词时，则可以一边表演动作，一边快速出示生词卡片，同时让学生朗读生词。使用这种方法的好处是，可以让学生直接了解词义，把生词的形、音、义有效地结合起来，并使记忆得到强化。

（二）综合展示

词汇综合展示是教师根据教学的需要，对课文生词表中生词的次序加以调整或重新排列后多词一起展示。词汇综合展示可以将课堂教学的各个环节紧凑、有序地衔接起来。具体的展示有如下几种方法：

1. 按词类排列

下面以《体验汉语生活篇》第九单元《你怎么了?》（刘询、

刘援、朱晓星等，体验汉语生活篇，高等教育出版社，2006 年版）第一部分中出现的词汇为例，按照生词顺序为：

医生、病人、怎么了、咳嗽、有一点、疼、头疼、发烧、感冒、药、喜欢

我们教学时按照词类进行排列，顺序则为：

名词：医生、病人、药

动词：咳嗽、发烧、感冒、喜欢

形容词：疼

副词：有一点儿

从词性出发排列这些词，是以词的语法功能为出发点，便于在讲解时根据不同词类的不同特点，利用不同的方法进行词语搭配练习，可以让学生早日建立起汉语词类的观念。

2. 按照语义线索排列

教师领读以后，就以教材课文后排列好的生词表为线索来串讲。学生以排列好的生词为提示线索，听教师串讲课文或复述课文。课堂教学中的每个环节都围绕着生词表中的生词进行。这样排列可以使学生在跟读、认读、听教师串讲课文、复述课文的教学活动中对生词进行多次听说练习，从而大大提高记忆的效果。

3. 按照话题排列

教师还可以将一个课文的话题分成几个小话题，通过对生词进行语义归类，将语义相关联的词语放在一起进行综合展示，具体来说，就是将生词按照不同的类别排成一行，方便学生记忆。下面以《博雅汉语》（起步Ⅱ）第四十一课《西红柿炒鸡蛋》的生词为例，我们可以按照生词的话题作归类：

原料：西红柿、鸡蛋、油、盐、白糖

步骤（工具及做法）：A. 筷子、搅拌、均匀

B. 刀、切块儿

C. 锅、火、点着

然后，教师带领学生用“把”字句，按做菜步骤将原料和做法联系起来进行练习。

再如《体验汉语生活篇》第九单元《你怎么了?》第一部分出现的生词为：医生、病人、怎么了、咳嗽、有一点儿、疼、头疼、发烧、感冒、药、喜欢。按话题排列可分为：

谈症状：咳嗽、疼、头疼、发烧、感冒

谈大夫处置：药

这种方法的好处是将生词的讲解和运用有机地融为一体，着眼点在于帮助学生建立心理词库，把孤立的毫不相干的词组织成有机的、相互联系的语言材料存入大脑，便于记忆。

二、词汇的解释方法和技巧

词汇解释，就是将所要教授词汇的意义和用法解释给学生。词汇意义解释的方法和技巧有很多，这里就分类列举一些。

（一）词语意义的解释方法

（1）翻译法

翻译法，就是直接将所要学习的汉语词汇，翻译成学生的母语或者其他媒介语的方法。对于那些意思比较单一或抽象，且与学生母语有对应词的生词来说，教师可以采用翻译法，这样直截了当。对于词汇量比较少的初级阶段汉语学习者来说，翻译法也比较适合。例如：

工业 industry　维生素 vitamin　幸福 happiness　童年 childhood

但是，在使用翻译法时，仍有许多需要注意的地方。

（2）以旧释新法

就是用学习者已经学过的词来解释生词。在一定的语境下，不同的词语既可以相互解释也可以建立起语义上的关联。例如在解释有关家庭成员词汇时，为了适当扩展，我们可以教授表示家庭成员的其他词汇，例如爷爷、奶奶、伯伯、叔叔、姑姑等的解释就可以用到这种方法：

"爷爷"就是"爸爸的爸爸"，"姑姑"就是"爸爸的姐姐或妹妹"。

对于其他词语，教师还可以采用以旧释新法，学生已经学过"隔壁"这个词了，在教授"邻居"时，教师可以这样解释：住在隔壁的人就是邻居。到汉语学习的中高级阶段，随着学生汉语水平的提高，教师还可以用学过的汉语来解释新词，例如：

举世闻名：很有名的，全世界都知道的。知己：就是朋友。

这种方法可以调动起学生的积极性，提高学生的汉语表达能力，而且还能帮助学习者复习所学过的词语。

（3）语素释义法

由于汉语中很大一部分词语的构词形式是语素扩展，因此语素释义法在国际汉语词汇教学中的作用是非常大的。语素释义最主要是要讲清楚某个语素的字形、读音、意义以及它的构词方式，在词汇教学中，教师要根据学生所学的词语及其对词语的掌握程度适当补充和扩展。例如：

学习"服装店"时，引导学生回顾"店"是"商店"的意思，进而让学生推测该词的意思。引导学生回顾"自学"中"自"的意思，进而让其推测该词的意思，引导学生回顾"篮球"的意思，进而让学生推测"足球、羽毛球、乒乓球"等词的意思。学习了"海"、又学会了"洋"，"海洋"之意不讲自明了，在讲"雷雨"一词时，先让学生明白"雷""雨"各是什么，然后让其明白"雷雨"整个意思。

用这样的方法不仅可以扩展词汇，还可以训练学生用汉语思维，可以帮助学生更好的解释和记忆，可培养学生根据语素推测词义的能力，对提高学生的阅读能力有帮助。

（4）直观释义法

这种释义方法常常与词语的展示联系在一起，如前述的图片、实物、肢体表演等都可视作直观释义。而一些比较容易携带的实物，教师可以带到教室展示，实物展示效果比图片好，比如“糖、水果、月饼、筷子、勺子、钥匙、钱包、钱、身份证、信用卡、借书卡”等，还有一些是课堂常见物品，也可以通过指认实物进行释义教学，例如“门、窗户、桌子、椅子、黑板、粉笔、书包、笔、尺子、橡皮”等物品，人体词汇，例如“头、头发、脸、眼睛、鼻子、耳朵、嘴巴、手、脚、腿、肚子、腰”等，还有师生随身穿戴的东西，例如“衣服、裤子、鞋、围巾、项链、手链、戒指、手表、眼镜、帽子”都可以进行实物指认教学。而对具体动作行为动词“推、拉、提、扔、抬、挎、扛、搀、扶”及“坐下、站起、跳起、写下、摔倒”的释义，教师就可以通过肢体动作演示来释义，还有表情词“笑、哭、生气、高兴、快乐、难过”等可以通过师生和生生之间的直观表演来进行。此外，还可以用一些动图、flash 动画和视频帮助学生建立词语语音和概念意义之间的联系。

直观释义法，比较适合词义比较具体的名词、动词、形容词的教学，也因采用多种感官刺激，比较适合对儿童的汉语词汇释义教学。

（5）近义词比较法

通过对词义相近的词（通常是借助学过的词引进新词）的比较、分析，向学生讲清其共性与个性，以帮助学生准确理解新词词义。例如从词义的轻重细微差别上讲清“保护、保卫”的区别，从词义的褒贬上讲清“成果、后果”的区别，从语体使用差别上讲清“邀请、请”的区别等。具体的近义词辨析见前面词汇教学的重难点。这里再以讲“邀请”为例：

邀请，就是“请”。如：这个周末我想邀请\请几个朋友到家里做客。

那么，他们有什么区别呢？

“邀请”比较正式，常用于书面语，一般用于请人做客或参加重要的活动，可以用作名词，充当宾语。

“请”比较随意，偏口语，且使用的范围更广，可用于让人做某事、完成某个任务或某个具体动作，不能作名词充当宾语。如：

我想请你帮个忙。(具体的事情，不能用“邀请”)

这次该我请客了。(某个任务，不能用“邀请”)

请关一下门。(某个具体动作，不能用“邀请”)

我接受了他的邀请。(宾语，不能用“请”)

(6) 反义词对比法

即用已经学过的反义词适当解释新词。这对学生理解词义，建立词语之间的联系，以及记忆词汇都有好处。例如讲“批评”的时候，教师可以问“表扬的反义词是什么?”类似的还有：“胖——瘦、高——矮”等，有时候，也可以加“不”来解释。例如“骄傲——不谦虚、斜——不正、陌生——不熟”等。

(7) 语境法

语言总是在一定的交际环境中使用的，语境体现了说话者的交际意图、交际手段和交际思维，因此，词汇的解释也可以充分利用语境。例如学习者在刚开始学习汉语时，会对汉语的句末语气词有很大的疑惑。在学完句末语气词“吗”后，接着学习同样是语气词的“呢”，学生便会产生“吗”和“呢”是否可以替换的疑问。这时，教师可采用下面的语境设计：

“大卫，你好吗?”

“我很好，你呢?”

“我也很好。你爸爸呢？他好吗?”

“他也很好。”

这时，根据上下文语境，学生就会明白“呢”的用法是对上文提到问题，再次提到时的省略。再如讲“凑合”一词的意思时，教师可以利用学生熟悉的生活创设语境：

你去食堂吃饭，可喜欢吃的菜卖完啦，你又不想去别的地方吃，你怎么办？你只好——

你喜欢看球赛，可电视不清楚，你又非常想看，你只好——

（8）举例说明法

就是通过列举词语概念意义中所包含的具体个体，让学生明白词义的方法，比较适合那些表示类别概念的词汇。例如在教“水果”时，可以举出“苹果、梨、香蕉、橘子”等词语，然后教师通过“这些都是水果，你还知道哪些水果？”的界定和提问，让学生进一步领会“水果”的意思。同样，在教“主食”“甜点”“文具”“交通工具”等词汇时，可以列举出学生知道的个体“米饭、面条”“蛋糕”“冰激凌”“尺子”“橡皮”“铅笔”“汽车”“火车”“轮船”等来帮助学生理解词义。再比如讲“货币”时，教师可以结合图片说“人民币是中国的货币，美元是美国的货币，日元是日本的货币，英镑是英国的货币。”学生一下子就能明白“货币”的含义了。

（二）词语用法的解释

除了词语意义的解释，还有词语用法的解释，对词语用法的解释，主要有以下两种方法：

（1）词语搭配法

通过讲词语之间的搭配，来讲清词语的用法。常见的搭配关系有两种：

一是词与词之间的呼应搭配：例如“怪……的”“该……了”“一……就”等；一是动词与名词的搭配，例如：

穿：衣服＼裤子＼鞋＼袜子＼裙子

戴：帽子＼围巾＼手表＼眼睛＼项链

让学生了解习惯搭配后，避免出现“穿帽子”的错误。从词的搭配上区分近义词非常有效，例如：

参观：工厂＼学校＼博物馆＼展览会＼名胜古迹＼故宫

访问：北京\上海\一位老朋友\一位汉语专家

（2）直接说明法

直接说明就是不借助其他教学手段，直接讲清该词用法规律。例如：副词“连忙”不能用在祈使句中，不能说“XX，你连忙跑出来！”“稍微”修饰形容词时，形容词后面要有“一点儿或一些”，例如“稍微大一点儿”“稍微弱一些”等；修饰动词时，动词后面要有“一下或点儿（些）”，例如“稍微等一下”“稍微吃点儿”等。

在向学生讲授词的语法特点、词在句中的位置、能否带宾语（动词）、在什么情况下使用、用于什么句型等用法方面的问题时，都可以采用这种直接说明的方法。

三、词汇的练习方法和技巧

词汇练习是词汇课堂教学三个环节中最重要的一环，汉语教学技能的总原则是“以学生为中心，精讲多练”，因此，对于这一步骤的重视也是应当的。

（一）词汇练习的类型

关于词汇练习，吕必松先生在《对外汉语教学概论》中提出过五种不同性质的练习类型：

1）感知性练习。对词的感知，包括语音识别（听音）和词形识别（认字）。主要的练习方法有听录音、跟读、认读、给字注音等。

2）理解性练习。对词的理解，主要是理解词义。主要的练习方法有：说出或写出反义词，用同义词替换，用线条或箭头分析复合词的语义结构，图示方位词、数量词和其他能用图示的词语，听词指物、指物说词，用目的语或媒介语解释词义，等等。

3）模仿性练习。包括语音模仿和汉字书写模仿。语音模仿主要是听录音和跟读，汉字书写模仿主要是描写、临写。

4）记忆性练习。上述练习方法都可以作为记忆性练习的一部分。

5）应用性练习。词的应用性练习，是指怎样运用指定的词。主要的练习方法有选词填空，利用指定的词组词、造句等。选词填空和利用学过的词组词、造句要涉及语法问题，但是词汇练习的侧重点是词的选择，因此练习题的设计要从词的选择的角度出发。

（二）词汇练习设计的原则

词汇练习的设计，最重要的是首先明确练习的内容和练习的本质，即练什么，要达到什么目的。同时要注意练习的层次性，掌握好练习的程序和步骤，把从感知到应用作为一个习得过程，并做到由浅入深，循序渐进。

（三）词汇练习的具体方法和类型

词汇练习的方法和技巧很多，在实际教学中我们能摸索出很多。这里我们分为老师主导的课堂词汇练习和主要靠学生自主完成的教材词汇练习题型来阐述。按照练习目的和性质，我们下面先列举一些具体实用的课堂词汇练习方法。

1. 课堂词汇练习方法

（1）记忆理解性练习

这种方法主要目的是帮助学生记住词的发音、意义和一些用法。具体的可以结合词汇的展示方法进行练习。

A. 问答法。即通过教师提问，引导学生用所的词语进行回答。例如：练习“经过”时，教师在 PPT 上结合地图的展示，可以问一个学生：从中央民族大学到北京大学要经过哪些地方？让学生回答，然后让学生输出整句“从中央民族大学到北京大学要经过 XXX。”。

再如，学习“货币、人民币、美元、英镑、日元、中国、美国、英国、日本”这组词以后，就可以进行第一轮问答的练习：

师：人民币是哪国货币？

生：人民币是中国货币。

后面的则可以通过一个学生问，一个学生答的生生问答形式进行练习。

当然，教师的问题必须是贴近学生生活的或学生能回答得出来的，问题也是要经过精心设计的，而不能信口开河，要使学生在回答问题时不知不觉就复习了学过的生词。

B. 直接法。即通过实物、图片和肢体情态等来进行词汇巩固练习。这常常是在展示词汇基础上，用同一教具进行的复习巩固词汇的练习。

利用教室或教师携带实物组织练习，例如可以利用教室存在的实物进行检测性练习，比如指着“门、窗户、桌子”让学生说该物品的汉语语音名称等。

利用课前准备好的图片，或者是在展示阶段就用过的图片来组织学生练习，以帮助学生记忆。比如教“书架、柜子、枕头、被子、床”等生词，教师可以利用一张学生宿舍的图片，指着图片上所画的物品，请学生反复练习、说名称，以帮助其记忆词汇。

C. 语义联想法

一种是说出同近义词或反义词。教师说出一个词，请学生迅速说出他们的近义词或反义词。这可以巩固学生记忆，且培养他们词语的联想能力。例如：

爸爸（父亲、爹）正好（恰巧、恰好）好像（仿佛、似乎）大概（也许、可能）依然（依旧、仍旧）

教师可以在上课前将词写在卡片或小黑板上，请一个学生读出卡片或黑板上的词，另一个学生说出其同近义词或反义词。

一种是说出一个主题下的相关词语。老师说出一个主题词，让同学说出由这个词语想到的其他词语，例如：

师：职业

生：老师、律师、商人、医生等

师：教师

生：教室、学生、考试、课本、作业等

师：餐厅

生：饭、菜、点菜、啤酒、饮料、鱼、肉、烤鸭、服务员等

D. 搭配练习法。一个词语的用法，常常体现在其搭配上，动词尤其需要注意常用搭配的教学练习。比如教师说出动词，请学生说出动词的宾语，组成动宾词组。可以让每位学生说一个，组成的动宾词组越多越好。例如：

师：看

生：看病　看朋友　看小说　看电影　看报纸　看杂志　看热闹　看情况

这种练习目的是帮助学生记忆词与词之间的习惯搭配，适用于各种水平的学生。

E. 游戏法。即通过游戏的方式来练习和记忆所学过的生词。游戏的方式很多，例如，为了加强生词词形的记忆，教师可以将学生分为几组上台听写生词，每组的同学一人只能写一笔，写完一个字看哪一组的速度快。又比如在复习生词时，可以用 bingo 游戏来进行。给每位学生发一张 bingo 词卡，每张卡片上都写有这个单元（课）所学的生词，且每张词卡的词序不同，词卡上所列的生词个数要差不多。教师开始读词，学生在教师读到的词上做标记，当有横、竖、斜任一方向上的生词连成一线时，就喊 bingo，即获得奖励。这样，练习生词就不会枯燥了，而且也复习了学生所学的生词。当然，教师也可以让一个学生来念生词，其他学生在听到的生词上做标记，或者两个学生一组，互相听写生词，以实现学生与学生之间的互动，提高学生的参与度，增强课堂的趣味性。

还有“你来比画我来猜”猜词语的游戏。例如教师让一个学

生到讲台前面，拿出图卡给该学生看后（其他学生不能看到图片）让他表演，其他的同学猜比画的是什么词。如“电话”“汽车”等词语就可以用这个方法来练习。

另外，在中级汉语水平以上的班级也可以用“词语接龙”的游戏。接的过程可以用同音字或近音字（声调不同）替换。例如：有教师说“春天”，然后一个学生接着说“天气”，接下来的学生说“起来”（“气”“起”是音近替换）也是对的。这样可以复习学生学过的部分词语。

（2）应用性练习

A. 情景法。这种方法用得较多，即通过给出情境来引导学生说出完整的句子。例如练习“千万”，教师给出情境：

最近天气冷，你担心你的朋友穿得太少会感冒，请你用“千万”对他说一句话；你弟弟今天下午考试，请你用“千万”对他说一句提醒的话……

这样的例子很多，但值得注意的是，教师给出的情境要是学生熟悉的，而且要引导学生说出整个句子。

B. 完成句子法。具体来说，就是一句话空出半句让学生用学过的生词来造句，完成句子。例如：

你最好把电话号码记下来，——（免得）。

他在中国学过五年汉语，——（难怪）。

C. 游戏法。即通过游戏的方式来练习使用所学过的生词。游戏的方式也很多，常常是将所学词汇和语言点结合起来的使用练习。例如学过数字，又学过“比”字句后，教师就可以设计找数字规律的游戏，具体如下：

教师预先把下列数字打印在大纸上或预先写在黑板上，其中“?”号用粗体红色标示出来，将学生分成4组，讨论后填上答案，并对其他三组同学说明其规律。

（1）8，12，16，?，24

（2）5，7，?，11，13

（3）36，30，?，18，12

（4）3，4，6，9，?

这个方法利用了学生对数字规律本身的探求兴趣，不仅训练了学生对汉语数字语词的反应，也在阐述数字规律的过程中练习了“比”字句的运用。

再比如角色扮演的游戏法，也常用于词汇应用性练习。学习职业词汇时，教师可以预先做好代表各职业的角色帽（医生、商人、老师、律师等），比如帽子上画上该职业特点的抽象画，标上拼音，帽子戴上之前是一个大的词卡，因此反面可以写上相应的汉字，在词汇展示环节和记忆性练习环节可以用。在应用练习环节，则将卡上的绳索套在头上即可。教师可以在 PPT 或黑板上写下“我在 XXX 上班”的句式，并进行简单操练，给出带拼音和图片的表示处所的词库，比如医院、商场、学校、律师事务所等。然后找四个愿意参与游戏的同学自己选择角色，进行四个人第一次见面介绍的场景表演，老师进行奖励。这种方法比较适合少儿的教学。很多课文，也非常适合进行角色扮演，在学生课文朗读训练的基础上进行有奖励的角色扮演练习，既可以加深学生对课文的理解，也可以加强词汇语境的应用练习。

2. 教材词汇练习题型

除了教师主导下的课堂词汇练习，还有很多需要学生自主在课下或课上完成的教材词汇练习题。这些词汇练习题多从词汇知识和词汇运用两种角度出发，常见的词汇练习题型有：

（1）语义相关的练习

A. 连线，把词语和解释连起来。例如：

昂贵	a. 扔
古代	b. 很久以前
开朗	c. 价钱很贵的

投掷 d. 乐观的

B. 翻译，将下列词语翻译成中文。

watch send cool sport

C. 选择合适的词语替代句中划线的词语：

他是一位很出色的程序设计师。(　　)

a. 熟练 b. 一般 c. 优秀 d. 平凡

(2) 语素相关的练习

A. 写出带有共同语素的词。

车：汽车 ________ ________ ________ ________

机：手机 ________ ________ ________ ________

球：足球 ________ ________ ________ ________

B. 利用语素组词。

选择表中的汉字组词：

什	名	朋	学
友	么	大	漂
多	字	当	车
生	然	开	亮

C. 利用词缀、词根扩展造词。

写出或说出袋“者”“员”的词语：

拾到者、________、________、________

服务员、________、________、________

(3) 词语记忆理解相关的练习

A. 看图说词。

根据所给图片，说出或写出该图片上事物的名称。

B. 根据拼音写词语。

C. 根据所给大类词语，说出或写出其他词语。

家电：电视________ ________ ________ ________

动物：熊猫________　________　________　________

水果：苹果________　________　________　________

D. 写出近义词或反义词。

写出反义词。如：

接——　　晴——　　输——　　成功——　　进去——

写出近义词。如：

母亲——　　伤心——　　立刻——　　漂亮——

(4) 词语运用相关的练习

A. 量词填空。

一（　）自行车　　一（　）毛衣　　一（　）花

一（　）蛋糕　　一（　）主意　　一（　）课

B. 选词填空。

利用暑假去打工，真是一个好________：可以挣到钱，又可以了解社会。

a. 活动　　b. 内容　　c. 主意　　d. 意义

C. 综合填空。

挂　　摔　　跳　　落　　飞　　脱　　掉

我（　）下衣服，（　）在墙上，可是风一吹衣服就（　）在地上了。

他从树上往下（　），不小心（　）倒了。

窗户外面有一只小鸟（　）过来，（　）在了我的窗户前。

D. 改错并说明原因。

你放心吧，我们明天千万来。

老师，我和他明天有事，咱们不能来上课了。

E. 用特定的词语回答问题或完成对话。

甲：他去哪儿了？你知道吗？

乙：________________________。（可能）

甲：你现在就睡吗？

乙：________________________________。(再)

F. 用指定的词语造句或写一段话。

用下面的词语写一段对话：

只好　　可能　　再　　刚才　　要……了

____

四、词汇的积累方法和技巧

除了一般的课堂词汇教学，教师要帮助学生不断地复习、记忆和巩固学过的词汇以外，还要利用多种手段帮助学生扩大词汇量。帮助学生扩大词汇量主要有以下几种方法：

（一）同素词法

遇到构词能力强的语素时，可以联系过去学过的语素，扩展同素词语。这一方面让学生体会了语素的意义，另一方面也教会了学生猜测词语的意义。例如，学过“整年”的“整”的语素意义后，可以教给学生“整月、整日、整天”；讲“亲眼”时，可以让学生学会“亲口、亲身、亲耳、亲自”，这样，学生一下就学会了一串词语。

除了教师教授时给学生新的同素词，还可以让学生归纳学过的同素词，即让学生说出包含某一语素的词，说得越多越好。例如：

师：学

生：学习、学生、学校、放学、上学、自学、大学、中学、小学、学期、留学生

师：票

生：车票、飞机票、电影票、门票、学生票、全票、半票

（二）构词类推法

（1）附加法类推。对有一定词汇量的学生，教师可以适当将汉语里的一些前缀和后缀教给他们，并帮助他们认识汉语的构词

规律。例如汉语的前缀“阿、老、小”和后缀“子、儿、头、者、员、手”等一般是构成名词，而词汇“化”则常是形容词转变为动词的标志，如“美化、强化、弱化、美化、丑化、净化、简化”等。

（2）复合法类推。对有些词汇量的学生，还可以将汉语的构词方式进行类推，以方便学生扩大词汇量，例如教师讲解“好吃”时，可以根据人体五官对应的动词，将相似的构词列举出来：

名词——动词——形容词

眼睛——看——好看

鼻子——闻——好闻

嘴巴——吃——好吃

耳朵——听——好听

（三）归类法

（1）根据意义归类

教师一有机会，就应该有意识地引导学生对所学过的、语义相关的词语进行归纳分类，以加强巩固学生对所学词汇的记忆和积累。例如：学习“节日”的时候，就可以引导学生说出已经知道的中国的节日“春节、端午节、元宵节”等；学习“今天”时引导学生说出“前天、昨天、明天、后天”，同时对比学习“前年、去年、今年、明年、后年”等。

（2）根据语法归类

即对不同词类的语法特点和句法功能进行归纳。例如学习代词时，引导学生将代词各种句法位置的例子说出来后，进行归纳总结。在学习一些有类似用法的词语时，也应该及时对比归纳，方便学生记忆。例如在讲“越来越”和“越……越”两种结构用法的同与不同，如果放在一起对比归纳给学生说清楚，学生就更容易记住。

（四）复现法

记忆的规律就是要不断重复，所以教师在教学中要不断给学生创造重复词语的机会。除了当堂即时记忆词汇的练习以外，教师还应当布置合适的课下作业。此外，每过一单元，要有一个复习性的小测验，以帮助学生强化词汇记忆的效果，真正达到积累词汇、扩大词汇量的目的。

（五）阅读法

如何快速增加学生的词汇量？我们认为还应该加大趣味性阅读的量。将精读和泛读相结合起来，特别是要注意给学生补充有趣有用的阅读内容，让学生觉得有趣，才能调动学生的积极性，才能化被动为主动，记忆也更加牢固。这可借鉴国内学习外语的经验，本人学习英语词汇是靠课本和四六级生词大纲，而另一位同学学习英语词汇是大量的阅读《英语世界》等英文读物，其词汇量和记忆的牢固性都比本人强。此外，2009 年本人所教班级中一位中亚学生的词汇量明显比班上其他学生多得多，原来她经常拿一本中国的《读者》杂志阅读，不懂的生词就会记下问老师。

小结

总之，词语教学的方法很多，但是要根据不同的词语类型、不同水平的学习者选择不同的教学方法、技巧来进行教学。

第二章　基于实践的国际汉语词汇教学模式研究

第一节　国际汉语词汇教学模式的界定

一、教学模式及其发展趋势

“模式”一词是英文 model 的汉译名词，model 还译为“模型”“范式”“典型”等，一般指被研究对象在理论上的逻辑框架，是经验与理论之间的一种可操作性的知识系统。最先将模式一词引入到教学领域，并加以系统研究的人，当推美国的乔伊斯（B. Joyce）。乔伊斯在《教学模式》一书中认为：“教学模式是构成课程和作业、选择教材、提示教师活动的一种范式或计划。”教学模式通常包括五个因素：理论依据、教学目标、操作程序、实现条件和教学评价，这五个因素之间有规律的联系着就是教学模式的结构。教学模式是教学理论的具体化，是教学实践概括化的形式和系统，具有多样性和可操作性，因此教师对教学模式的选择和运用有一定的要求，教学模式必须与教学目标相契合，要考虑实际的教学条件。针对不同的教学内容来选择教学模式，当然首先还是要了解有哪些教学模式，它们的特点是什么。

教学模式经过 19 世纪、20 世纪的发展，进入 21 世纪以来产生了很多新的发展变化，总的来讲呈现出以下四种发展趋势：

1. 从单一教学模式向多样化教学模式发展

自从赫尔巴特提出“四段论”教学模式以来，经过其学生的实践和发展后，逐渐以“传统教学模式”的名称成为20世纪教学模式的主导。其后杜威打着反传统的旗号，提出了实用主义教学模式，50年代以后，由于新的教学思想层出不穷，再加上新的科学技术革命使教学产生了很大的变化，教学模式出现了“百花齐放、百家争鸣”的繁荣局面。据乔伊斯和韦尔1980年的统计，教学模式有23种之多。

2. 由归纳型向演绎型教学模式发展

归纳型教学模式重视从经验中总结、归纳，它的起点是经验，形成思维的过程是归纳。演绎型教学模式指的是从一种科学理论假设出发，推演出一种教学模式，然后用严密的实验来验证其效用。它的起点是理论假设，形成思维的过程是演绎。归纳型教学模式来自教学实践的总结，难免有些不确定性，有些地方也不能自圆其说。而演绎型教学模式有一定的理论基础，能够自圆其说，有自己完备的体系。

3. 由以“教”为主向以“学”为主的教学模式发展

传统教学模式都是从教师如何去教这个角度来进行阐述，忽视了学生如何学这个问题。杜威的“反传统”教学模式，使人们意识到学生应当是学习的主体，由此开始了以“学”为主的教学模式的研究。现代教学模式的发展趋势是重视教学活动中学生的主体性，重视学生对教学的参与，根据教学的需要合理设计“教”与“学”的活动。

4. 教学模式的日益现代化

在当代教学模式的研究中，越来越重视引进现代科学技术的新理论、新成果。有些教学模式已经开始注意利用电脑、网络、手机等先进的科学技术手段，教学条件的科技含量越来越高，从而使得教学模式也越来越现代化。

二、国际汉语词汇教学模式

目前，汉语词汇教学的模式属于一种语言要素的中观教学模式，因而存在的模式主要是从教学的单位来分，或者从教学的形式来划分的。

汉语词汇教学的教学单位，从20世纪90年代以来，一直存在“本位”的论争。论争主要有三种观点：第一种观点认为应该以词为本位，第二种观点认为应该以字为本位，第三种观点认为应该以语素为本位。近年，也出现了“字词结合”教学的主张。

（一）词本位教学

“词本位”理论进入中国是1898年，以马建忠编著的《马氏文通》为标志。汉语作为第二语言教学的词汇教学方法也是源自外国，迄今为止多数对外汉语教学中使用的词汇教学方法及理论还是从国外借鉴的。因此，虽然有人反对汉语国际教学中承认“词本位”的概念，但此概念在本专业带来的优势是不可忽视的。

（二）字本位教学

提出字本位概念的主要代表人物为两位：一是徐通锵先生（1991）认为汉字是汉语的基本结构单位；一是白乐桑先生提出了“字本位”。1996年白乐桑指出：“汉语教学上不是有两口锅吗？我们认为有这么两口锅：以字为基本语言教学单位的书面语言算一口，以词为基本语言教学单位的口头语言算一口。”① 二者的观点稍有不同，徐先生的字本位是不分口语书面语的，而白乐桑的“字本位”主要是针对书面语言。“字本位”的教学流派认为字是汉语最小的结构单位，一个字是一个音节、一个意义和一个概念。研究表明，“《现代汉语词典》所收三万二千余个双音节复合词中96.57%可以用偏正、联合、述宾、述补、主谓五种短语结构解释。……这就意味着，汉语的使用者和学习者只要掌握3000个左右的常用汉字及其基本义项，就可以通过十分简单的组合规则来

① 白乐桑：《汉语教材中的文、语领土之争：是合并，还是自主，抑或分离？》《世界汉语教学》，1996年第4期。

了解3万多个双音复合词的语义。"[①]

（三）语素法教学

"语素"这个词是从美国语言学借鉴的，叫作"morpheme"。汉语里一个语素相当于一个单音节字，因此可以理解成语素本位教学法是"字本位"教学法的另一个称说方式（肖贤彬，2002）。语素本位理论也强调语素是汉语词汇教学里的最基本和最小的单位，但是从语言要素的构成系统来称说的。因此"字本位"流派的学者反对"语素本位"这个说法，认为"字"就是最适合汉语的说法。（王若江，2000）实际上，从教学方法的角度来看，这两个理论很相似。

一个语言的语素，代表这个语言的特点，也同时代表本族的文化。所以，使用语素本位教汉语词汇的方法有助于学生了解中国文化、快速提高汉字教学效果、扩大词汇量、避免语法偏误、培养学生的语感、提高学生的学习兴趣等等。（肖贤彬2002）语素本位的研究还包括"语素猜词策略"的研究，心理学研究证明，语素本位教学法有利于学生识别复合词，汉语词汇教学中应该利用汉语的语素、语言的系统性，设计汉语词汇教学（宋春阳，2007）。

从语素本位理论中能看到语素本位的特点和它对汉语教学带来的优势。目前学者也讨论了在汉语国际教学中忽略语素本位的现象。比如，在对外汉语教学词汇大纲中没有语素，而只出现词汇，这个现象不利于进行语素本位的教学。另外，汉语教材的编写几乎没有按照语素本位的角度来设计，因此想用语素法教学的教师找合适的教材时会遇到困难。（肖贤彬，2002）

（四）"字词结合"教学

李芳杰（1998）提出字词应同步教，可以利用字本位和词本

① 王　骏：《"字本位"理论和对外汉语教学》《云南师范大学学报》（对外汉语教学版），2005年第1期。

位的教学方法进行教学，就能够补充两者的缺陷。刘颂浩（2006）认为“字本位”和“词本位”教学法是可以合并的，可以互补两个方法存在的缺点。管春林也说了应该“把字义的学习和字的层层构词放在最突出的位置上”①，这样可以补充字本位忽略的交际能力。我们认同李芳杰和刘颂浩的观点，相信字本位和词本位的两种教学法可以互补，而且有助于提高非汉字圈汉语学习者的学习。当然有的学者虽然承认“字词结合”的优势，但认为这两种概念代表的汉语语言观不同，甚至相反。（管春林，2008）。

综合起来看，几种词汇教学本位的差异主要表现为：第一，理论的来源不同；第二，强调的结构单位不同；第三，对语言和汉字的态度也不同。

以上主要是从教学单位来看国际汉语词汇教学的模式差异，从教学的形式看，则可将汉语词汇教学模式划分为集中教学和分散教学两种模式。

词汇被很多学者称为“语言的建筑材料”，因为在语言教学领域词汇有语言基础的意义。我们认为相对于非汉字文化圈的汉语学习者来说，字词集中与分散结合的教学模式有利于他们的汉语词汇学习。而如今的国际汉语课堂实际情况是常常缺少字词教学环节，有些综合课的教学是要求学生在课外学习词汇和汉字，课堂上不讲词汇相关内容的。因为课时的限制，教师课堂上给学生更多的课文和语法学习时间。但这么做，我们认为会影响学习者对汉语字词的感知和记忆。

基于对词汇教学必要性的认知和相关教学单位的倾向以及对词汇教学模式的认知，下文是我们具体词汇教学实践研究，即在国内和国外两种教学环境下探索我们的词汇教学模式。

---

① 管春林：《“字本位”与“词本位”教学方法结合质疑——兼与刘颂浩先生商榷》《暨南大学华文学院学报》，2008 年第 4 期。

第二节 国际汉语词汇教学模式的相关研究（一）——以国内高校初级汉语综合课的词汇教学为例

汉语是语义型语言，词语意义的理解是一个难点，因此，对外汉语教师必须运用各种方法让留学生比较容易地掌握、理解汉语的词汇语义，从而更好地习得汉语词汇，顺畅地用汉语词汇进行交际。目前谈论汉语词汇教学的文章较多，但多注重词汇语义教学的单位、原则以及重要性、系统性、网络性等方面的研究（见李彤 2005，李如龙、吴茗 2005，杨惠元 2003，周健、廖暑业 2006，常敬宇 2003），目前，少见谈完整有效的汉语词汇语义教学模式或套路的文章。有对初级汉语综合课词语教学做研究分析的，但主要是强调了语篇在词语教学中的作用（参见李珠 1998）。下面，我们结合自己在国内汉语初级综合课上的教学观察、实践和调查，做了一点初步的探讨。

一、当前汉语词汇教学存在的问题

词汇教学很重要，但在具体的词汇教学活动中，根据本人的教学观察和实践，我们发现当前汉语词汇语义教学中还存在种种不足：

1. 不分重点核心词汇，笼统教学

对于教学经验不足的教师而言，词汇教学可能就是将课文生词表带着学生读两遍，辨辨音节，然后不分主次轻重，一股脑地逐词讲授。这种教学不但形式单调枯燥，而且教授重点不突出，教学效果不理想。汉语的词汇量很大，仅初级综合课，以《博雅》（起步Ⅱ）为例，25 课共计 737 个生词，每课生词平均有 29.48 个，如果让学生在短短的几节课中完全掌握每个生词的意义和用法，实在太难，即便学生在短时间里记住了，长时记忆中也不可能全部记住，如果教师不分主次，平均用力，结果可能导致学生将一般生词记住了，反而将重点生词遗忘了。这样，当然是事倍功半，不利于快速提高学生汉语水平的。对教学经验丰富的教师而言，也存在选重点核心生词多凭经验，没有准确科学的选词依据的问题。

2. 脱离语境呈现生词语义

汉语词汇的教学，一般贯穿于对外汉语教学的各种课型中，也有人根据汉语词汇语义系统的网络性特点，主张采取集中教学的方法。而具体的生词教学中，也有不同的教学方法，根据语篇和词汇的关系，我们分为“集中识词”和“随文识词”两种：（一）集中识词，就是上新课文以前，指导学生集中学习生词表里的新词汇；（二）随文识词，即在新课文中学习生词，一边学习新课文，一边学习新词。后者可以提供语境，让学生在上下文中猜测生词的意思，但这种学习新词语义的方法容易打断学生的语篇语义理解，占用时间较长，因此教师们不太常用。前者可以相对增加学生单位时间内记忆新词的数量，但是这种教学方式往往脱离语境，不利于学生掌握和运用新词语。也许由于课堂教学时间有限，目前汉语课上对外汉语教师常常普遍采取这种集中处理生词的做法。

3. 缺少学生探究词汇语义和用法的过程

教新词语时，教师常常采取简单灌输的方式，把生词的各种意义和用法直接告诉学生，尽管有些教师注意给出例句让学生推测词义，但也缺乏足够真实的恰当语境，学生在生词学习环节就缺少主动探究的思维过程，其学习的主体性没有得到足够的重视和激发，因而教学效果也不理想。

4. 词汇的操练生硬机械

在词汇操练时，多数教师重视形式，而忽视意义，因而导致操练过程机械和生硬，学生的实际话语能力没有得到有效地培养和提高。如操练止于固定的句型或格式中替换词语的操练，学生习惯了，不用思考，就能机械地将词语搬到句子中了，对学生的实际语言理解和运用所学词语帮助不大。

5. 词汇运用的训练缺乏创新

很多教师尽管注意学生运用词汇的训练，但形式陈旧单一，缺乏创新。最常见的词汇运用训练是教师在讲解生词的词义和用法后，要求学生用所学的生词造句。尽管学生造出的句子符合语法规则，但往往句义不明，甚至荒诞可笑。根据笔者的经验，有意义的生词语义用法训练会提高学习的效率。

二、汉语词汇教学的有效模式

针对当前汉语生词教学的种种不足，根据实践和调查，我们总结出一种汉语词汇教学模式或套路，即“选择（教师）——呈现（教师）——探究（教师引导学生）——操练（学生）——运用（学生）”的模式或套路，括弧里为教学行为的主体。

1. 词语的归类与重点核心词语的筛选

到底怎样教学才能让学生更有效地学习一个汉语的生词呢？我们认为在有限的课堂教学时间里，首先要对教学对象做加工，即分出一篇课文的重点词语或核心词语，选择课文重点词语的标准是：词汇的高频使用性或词义用法的特殊性。经常使用的词语和有特殊语义用法的词语是教师必须提醒学生注意的。

2. 词汇语义的多样化呈现

从认知的角度讲，词汇输入的方式对词汇习得的效果有着直接的影响。其中一个重要因素就是如何讲解和传达词义，如何通过有效的呈现手段，让学习者一接触目标词语就建立深刻的感知印象，进而加深记忆，促进词汇的储存和提取，顺利实现交际目的。教师讲解和传达词义的途径有多种，总的来说可以归结为以下几种：

（1）用具象化手段传达词义

具象化手段包括用肢体动作及情态、多媒体动画、实物和图片等显示词义。我们在教动作动词时，如讲“扔、摔、推、挂”以及“塞、放、摆”的意思时，就可以在课堂上借助肢体动作来演示，这样很容易就能将这些动词的意义传达和区分开来。再如讲表情词语“哭、笑、生气”的意思，我们也可以通过面部表情来传达。而一些表示动物、蔬菜、水果、食品、颜色等的词汇就完全可以用实物图片来传达其所指。涉及复杂过程、文化习性等的词语则可以用多媒体动画来传达，如“打电话、打的、打架、打蚊子”等则可以用动画来显示，还有“春节、清明节、中秋节”等节日和“京剧、脸谱”等文化词语则可以用短的 Video 来解释。

（2）用语言解释词义

用语言解释词义，从用语上看，有两种：一是用学生的母语或媒介语言解释汉语词义，一是用汉语解释词义。一些简单的仅含理性意义的词，我们可以用学生的母语或媒介语来对译。教学中我们更主张用简单的学生熟悉的汉语来解释，一般可采取以下四种方式来解释：1. 形象说明式。如解释“味道”，咸——盐的味道，酸——醋的味道，甜——糖的味道等。再如解释“加油”，我们可以通过给汽车加油说明这个词语的比喻意义。2. 类比式的，即用意义相近或相似的可理解词语来解释。如精彩——好看，美味——好吃，悦耳——好听等。3. 反义或对义式的，即用意义相反或相对的可理解词语来帮助解释。如：坏——不好，慢——不快等。4. 据字释词，即根据组成词语的汉字，围绕字义（或语素义）展开词义的信息输入。如解释“冰箱”，虽然对译很简单，但我们可以通过分别解释“冰”和“箱”的意思，让学生明白为什么汉语里的这个家用电器被称作“冰箱”。

我们做了一个调查，结果显示，在接受调查的全部 20 位学生中，有90%的人希望“老师在讲解新单词时能补充这个词相关的近义同义或反义词”。在全部学生中，有60%的学生在学习单词时将其与同义词、反义词联系起来记忆，其中80%的人肯定了这种方法的有效性。所以在词汇教学中，教师应该灵活地应用语义关系来增强汉语词汇的语义教学。

（3）用语境显示词义

词的意义在一定的语义结构和语用环境中才显示出其单一性和明确性，在汉语为母语的儿童词汇习得中，靠的是与生俱来的语感，而把汉语作为目的语来学习的留学生，却完全靠教师的有目的的输入。因此在给学生解释词义时，也要注意输入相应的语境，特别是一词多义的情形。如“好容易”的“很容易”和“不容易”两种意义：

小王高兴地从教室走出来，说“今天的考试好容易呀！”（意思是“很容易”）
这碗米饭太多了，我好容易才吃完。（意思是“不容易”）

“怪”的“指责”和“抱怨”两种意义：

别怪他，都是我的错。（意思是“指责”）
都怪我太懒，今天的作业又没有做完。（意思是“抱怨”）

“香”的“好闻的气味”和“好吃”两种意义：

你看他吃得真香。（意思是“好吃”）
这个香水真香。（意思是“好闻的气味”）

语境显示词义，还可用于那些不太适合用上述其他手段解释的词语，比如在学习“流利”一词时，我们可以在教学情景中显示该词语的意思，具体可以做如下设计：

教师：“流利”这个词在课文中第2段第3行，请同学A来读一读。

学生A：（读）“…现在他比我高多了，说得也比我流利。”

教师：他读得怎么样？

学生：他读得很好。

教师：我们可以说他读得很流利。

教师：请同学们看 PPT 上的这段话，比较难，谁来读一下？

学生 B：（读）“我小的时候，全家住在两间平……房里，没有……暖气，也没有……厨房和卫生间。”

教师：他很积极，不过他读得怎么样？

学生：不太好。

教师：这上面有我们没学过的生词，所以他读得不太流利。

教师：（补充）我的英语口语不太好，你们听“I…I……want to find…find a job”老师英语说得怎么样？

学生：不太流利！

在这三种词义传达途径中，我们要针对不同的词汇语义特点，选择最恰当的呈现方法，以达到课堂教学的最佳效果。从我们的调查来看，第一种传达词义的方法，是最受学生欢迎的。因此，在词汇教学中，增强词汇教学的趣味性也尤为重要。

3. 词语意义用法的引导性探究

对一些重点词语的意义和用法，教师还需要给出充足的语境，让学生在语境中进一步理解词义和用法。这个环节主要是由教师提供比较多的学生大概能猜测理解的例句，让学生自主思考和探究，从中发现和总结某个词语的意义和用法。这个步骤要注意的是，教师不能只给一个简单的句子，一定要注意提供完整的大于句子的语境。在学生思考的过程中，教师应该给予适当的提示和引导，并帮助学生最后将其探究结果准确地表述出来。

这个环节，我们可以以真实的语料库为基础，给学生提供典型易懂的句群，让学生猜测和归纳其用法。这种以语料库为基础的语言驱动学习，能提高学生的自主学习能力。

在初级阶段，我们主要引导学生思考和总结，比如系联同形词让学生思考总结其不同的意义和读音，帮助他们记忆。比如学了“因为”，也学了“为了”，结果我们班有学生自己总结发现了其中“为”读音和意义的区别。还有“着”的两个读音以及“年纪”与“年级”读音和意义上的差别，也是我们班学生自己发现总结的。

根据我们的调查，更多的学生希望在课堂上发挥自己的聪明智慧，参与到生词学习中来。我们以初级综合课中的生词教学为例，对生词的教学方法做了问卷调查，并对其学习效果做了初步的测试。根据我们的调查，初级汉语综合课中，相较直接给出词义的方式，70%以上的学生更喜欢这种“思考猜测词义”的过程和方式，觉得这样有意思，也更容易理解和记住词义。

4. 联系实际的词语操练

实践证明，联系学生实际生活的操练，其过程往往不再显得枯燥乏味。在真实或半真实的交际过程中，既让学生操练了词语的用法，又训练了学生的话语交际能力。例如，在教“加”“等于”等生词时，让学生顺序做数字的相加游戏，让其手、口、脑并用，一边说汉语，一边计算，这个过程既能练习学生新学的两个生词及相关生词，又让学生复习了汉语数字的读法，过程自然有趣，效果非常好。我们在调查中发现，80%以上的学生喜欢“贴近自己生活实际的词语语义教学”，70%以上的学生认为自己增加的新词汇“主要来自和中国朋友聊天”。所以，针对课本上众多的词汇，我们可以选择那些高频常用词汇联系学生的生活实际，做一些重点操练。

5. 重视词语的语篇运用

在词语的创新运用方面，我们要让学生自由思维，用所学新词自由表达。为了防止学生生造句，我们鼓励学生用编小故事的方式或交代背景的方式使用所学词语，可以是口语表达，最好能写出来。学习成绩较差的学生，可以通过交代时间、地点、原因等背景恰当地用上所学的句子。比如“原谅”一词，学习稍差的学生说，“我的好朋友昨天生日，我忘了，我请我的朋友原谅我。”学习稍好的学生则可以通过讲小故事的方式练习所学词语，如同样练习“原谅”，成绩好一些的同学就说出自己和妈妈的一件事：“我小时候经常让妈妈生气，一次，我把弟弟弄哭了，妈妈很生气，然后我就在自己的房间不出来，也不吃饭，后来妈妈哭了，我对妈妈说：对不起，请原谅。”

三、需注意的问题

没有一种教学方法是万能的，同样，没有一种词汇教学模式是完美的，因此我们要尽量补其不足，注意一些问题。

1. 避免具体环节的程式化

作为生词教学的一个套路，其中的一些具体环节可以灵活变动和安排，比如“词语意义用法的引导性探究”我们可以用于上课前的生词热身环节，也可以作为课堂中的重点讲授环节，也可用于一篇课文学完后的总结复习环节，不要一成不变，否则课堂活动也会显得过于单调，当然也不会收到很好的效果。

2. 要针对性地写作

必须将词汇语义教学与语法教学、阅读教学、跨文化交际意识以及听、说、读、写能力的培养结合起来，因此我们的这套词汇教学模式应该延伸到课外的“写作”上。因为二语习得的实验研究表明，写作是学生输入词汇的有效途径。而且根据我们的调查，86%的学生根据自己的实际情况，认为记忆词汇的最好方法是“写汉字，说汉语”。

3. 适时地预习、复习和测试

预习和复习生词非常重要。限于课堂教学的时间，教师筛选出重点词汇后，其他一般词汇学生就可以通过预习来学习。

认知心理学的测试结果表明，一个新词必须在复现 6-8 次之后，学生才能做到有效识记。我们的调查表明，90%的学生“需要老师帮助他们复习已经学过的生词”，其中60%的学生“希望打乱课文顺序按词语之间的联系进行复习”，40%的学生“希望按课文顺序复习”。可见，在复习词汇语义时，教师要做的工作就是系统复现学过的词汇语义。汉语的词汇和词义是有系统性和网络性的，其系统性体现在词义内部的同义近义反义和上下义的关系上，也体现在同一个语义场里不同词语之间形成的语义关联上。要有效教学就应该注意根据词汇语义的系统性，准确生动地进行课堂教学，还要及时补充贴近学生生活实际的易学易用词语，以帮助学生形成稳固的心理词汇结点，加深对新词汇语义的记忆。

除了适时地复习，对学生学习成果做出正确及时的评价对学生学习也会起到积极的良性循环的作用。在词汇语义的教学中，需要适量加入专门的针对词汇语义的测试，以督促和鼓励学生的学习。现在的测试，一般是综合性的试卷，既有语法的项目，也有词汇的项目，限于卷面和时间，往往只能考察极小的一部分词汇语义项目（特别是初级综合课的测试）。因而，在平时的课堂小测验中，我们要特别注意词汇教学的专项测试。

总之，对外汉语的生词教学采取“选择（教师）——呈现（教师）——探究（教师引导学生）——操练（学生）——运用（学生）”的模式或套路基本能保证教学的有效性，当然，在这些环节之外，我们还需要强调课前的预习，课后的复习和测试。

第三节　国际汉语词汇教学模式的相关研究（二）——以缅甸初级汉语词汇教学为例

国际汉语教学环境不仅包括目的语环境——中国国内的汉语教学，也包括海外非目的语环境的汉语教学。到底海外的词汇教学情况如何呢？这里我们以缅甸为例，具体了解一下其词汇教学的情况。

一、缅甸的汉语教学发展背景

中缅两国山水相连，两国人民的传统友谊源远流长，有着深厚的“胞波”情意。中缅两国建交 60 多年来，在双方共同努力下，中缅睦邻友好合作关系不断发展，双方在文化、教育、宗教、军事等领域的交流与合作进一步加强。随着中缅经贸领域的不断拓宽，越来越多的缅甸人意识到会讲汉语已成为就业的一大有利条件，“汉语热”也热遍全缅甸。

我们对缅甸中部城市旺兰的初级汉语词汇教学情况进行了具体考察。旺兰市处于缅甸的两个大城市仰光和曼德勒的中间，旺兰市的汉语教学机构主要是该市华侨华裔设立的汉语学校。

20 世纪 70 年代初，旺兰市的华侨华裔选出了汉语知识比较强、汉语说话能力比较好的三位华人来教授当地华侨子女学习汉语，最开始的教材是《三字经》，也没有多样化的教学方法，每天就是跟老师读。到了 19 世纪 80 年代末，全缅甸的中文学校都被封闭，旺兰市也不例外。直到 20 世纪初，旺兰市的汉语教学逐渐恢复，作为母语教学的汉语虽然对汉语词汇教学比较重视，但词汇教学出现了以下几个方面的问题：1. 教师对学生的词汇量心中无数；2. 教师不注意词汇的选择，在课堂中所教授的不是使用频率高、普遍性强的词，也缺乏一些学习者母语中具有特色的词语；3. 不太注意词的复现率；4. 教学方法单一，基本上就是领读、跟读、解释、抄写、默写，对于怎么教学生掌握好生词，任课教师都缺乏思考和经验。

二、缅甸传统的汉语词汇教学模式——以汉语为母语的教学模式

根据我们的初步调查，多数缅甸汉语教师使用的汉语词汇教

学模式为：打开书，跟老师读——学生自己读——用缅语解释——进入课文——做词汇练习题。

下面我们就以缅甸同学蔡敏慧的观察记录为例，来了解一下当地传统的词汇教学方法。

案例 1

教学对象　：初级学生（包含华裔、缅族等）

教材　　　：《新实用汉语课本 1》

课文　　　：第五课

出版社　　：北京语言大学出版社

观察地点　：建德堂中文学校（旺兰市）

词汇教学环节：

（1）展示生词：教师要求学生打开课文，按生词表的顺序跟老师读。然后学生跟读，接着学生自己读，最后教师帮学生纠正语音。

（2）解释生词：先解释题目然后说课文的大意，接着按生词表中出现的生词一个一个地解释。

（3）布置作业：让学生抄写生词和课文。

从这个案例我们可以看到，对词语释义比较简单，教学环节不完整，教学手段薄弱。生词表是按课文内容的先后顺序来安排的，老师没有自己处理，学生记起来比较分散，易忘。

整个施教过程中，老师和学生都看着自己的课本，老师领读学生跟读，老师看着课本讲解生词，学生在下面不停地记笔记，有些学生跟其他同学水平不一，所以记笔记比较慢，总是问着旁边同学，影响别的同学专心上课。有的同学，只看着书，不做笔记。老师无视课堂情况，把所有生词讲完。

教师所教学的内容比较多，一课内容包含两篇课文，一篇课文生词最少有 15 个，最多有 33 个。每个生词的旁边附有该词语的词性和该词的扩展。教师一般把所有生词都解释完后接着进入课文教学，而不注重选择跟学生水平相适应的、常用的词来重点操练。词语解释环节中只重视词语的意义却忽略了词的形、音和用法。释义也多只解释基本义，不告诉学生这个词在课文中的具体意思。另外，词汇教学中的一个重要环节是练习环节，练习能帮助学生巩固在课文中所学的词语，加深对词语意义和用法的理解。而练习环节都是在教师讲完课文后来进行的，并且只是按练习册来进行的，没有老师自己设计的词语操练和巩固的环节。生词中附有的扩展词语教师也只要求学生读一遍，没有从词语的特点角度进行联想、类推。

案例 2

教学对象　：初级学生（包含华裔、缅族等）

教材　：新实用汉语课本 1

课文　：第六课

出版社　：北京语言大学出版社

观察地点　：建德堂中文学校（旺兰市）

词汇教学具体环节：

（1）展示生词：教师要求学生打开课文，按生词表的顺序跟老师读一遍，学生自己读一遍。

（2）解释生词：按课文中的生词表一个一个地来解释。在解释的过程中停下来问学生有没有记住这个词。学生没有呼应，这时老师对学生们说："没有好好学习，这些都已学过了，怎么会忘了？"学生无语，一脸无辜。

（3）布置作业：要求学生抄写一遍生词。

这一课跟前面一课的顺序和教学方法都一样。解释方法单一死板。老师忽略了很多教学环节，没有对生词进行分类和选择。

课堂施教过程中，刚上课时教师用母语问学生对一些词语有没有印象？因为没有学生的反馈，老师很生气，学生也很伤心。课后问学生，他们说真的是记不起来而不是知道不敢回答。整堂课没有学生的讨论声，只有老师一个人的声音。

（二）缅甸传统词汇教学模式的反馈

通过上述两个常规课堂词汇教学案例，我们发现旺兰市汉语词汇教学状况和薄弱之处是：教学手段单一，练习方式单调，重视教授词义而不重视教授词的语用和练习，板书设置都很简单；只是一个黑板，不太注重教学互动，教学操练环节很缺乏。

除了课堂观察，我们还对中央民族大学曾经经历缅甸汉语学习的硕士生们（8 位学生）做了 7 个问题的随机访问：

1. 老师教词语时上课前做了认真、充分的准备吗？还是直接进入课堂？

2. 老师认真检查同学们学习词语的预习和复习吗？

3. 老师解释生词的语言适合学生的水平吗？

4. 解释生词时会用身体手势、图片或者 PPT 吗？

5. 在课上老师让你们用生词来造句吗？

6. 教师在扩展生词的时候，存在什么问题吗？

7. 现有条件下，你希望老师用什么样的方法进行词汇教学？

七个问题中，对第 1、2 题的回答，多人反映教师备课不认真，如有学生回答“有时准备有时不准备，在课中教师教到一半就停下来查字典，找生词的读音或意义”“没有检查词语有没有预习或复习，教完生词就直接教课文”等。对第 3 题，也有多人回答“没有解释生词的意思，有时就说跟缅文的什么词意义相近”，而对第 4 题，全部回答“很少用肢体语言和图片，没有 PPT。”对第 5 题，多数回答为“经常让我们用生词造句”。对第 6 题的回答，也有过半的学生表示“有时老师解释课文中的生词时，还说有关这个生词的其他内容，但是我们听不懂。”对第 7 题的回答，多数学生表示“希望多一点图片、游戏之类的活动，希望课堂气氛活泼一点。”

可见，缅甸传统的汉语词汇教学类似于以汉语为母语的词汇教学，而这种词汇教学方式随着非华裔数量的增加，是越来越不受欢迎的。学生认为这样学习词汇的难度比较大，因为教师常急着赶课文而忽略了词语教学。

三、缅甸当前新的汉语词汇教学——以汉语为第二语言的教学

随着近年以汉语教育硕士为代表的本土高层次汉语人才的培养，缅甸的汉语整体教学情况有了改变，词汇教学的方法也有了改变。近五年在中国受过专业培养的不少国际汉语教育硕士和博士毕业回国后，都成为其汉语教学机构的中坚力量，这些年轻的、新一代的缅甸本土教师掌握了汉语教学的一些基本理论和依据，因而在汉语词汇教学模式上也有一些改变。代表缅甸新的汉语词汇教学的模式为：展示生词——解释生词——操练生词——复习巩固生词，而教学方法则有肢体演示法、词语分类法、联想法、图片法、情景法、问答法等。

下面我们以蔡敏慧同学所实施的具体教学案例来说明。

案例：

教学对象：初级学生（华裔、缅族等）

教材：《新实用汉语课本 1》

课文：第八课　你们家有几口人

教学实施地点：建德堂中文学校（旺兰市）

汉语词语教学环节：

导入：

教师拿出一张家庭照片来，用母语向同学说明这是一张全家福照片。“我们来看看他们家有什么人、有几口人?”，等学生回答后，教师用母语说“我们今天来学习怎么用汉语介绍自己的家”。将学生的思想引介到生词中去。

（1）展示生词并纠音

上课之前，老师将本课的生词按语义类别分几个组写在黑板

上展示（包括拼音）。

表 2-1 课文生词表

姐姐	Jie3jie	个	Ge4	和	hé	几	jǐ
弟弟	Di4di	张	Zha1ng			多少	Duōshǒo
妹妹	Me4imei	口	Ko3u	做	zuò	一共	yígòng
家	Jia1	只	Zhi1	工作	Gōng zuò		
小狗	Xia3o go3u			有	yǒu	贝贝 王小云	Bèi bei Wáng xiǎo yún

老师把生词从上到下都领读一遍，学生跟读一遍，学生自己读一遍，有错音就马上纠正。

（2）解释生词

先将第一组的生词用直译法解释。（姐姐，弟弟，妹妹，家，小狗）

然后用母语翻译“和”后，到第一排学生面前，指着自己和学生说“老师和丽珠”，再指着两个同学说“冰冰和他”“我和你们”。接着指有兄妹、姐妹关系的两个同学说出“我和宝华”。这时教师提醒说“好，还可以怎么说呢？宝华是你的姐姐还是妹妹？”，再让学生说出“我和姐姐”“我和妹妹”。

（3）操练生词——个，口、张、只、几、多少、一共等

老师在黑板上写上参考句：

A：“有几口人？”

B：“有（——）口人。”

展示课文的配图 1，用汉语问：“有几口人？”学生用汉语回答：“有六口人。”在上下文语境学生都自然学会了“几”和“口”。接着问：“有什么人？”学生用汉语回答：“爷爷，奶奶，爸爸，妈妈，姐姐和妹妹。”。“他们家有弟弟吗？”。学生：“没有”。对学生说明“有”的否定是“没有”，不是“不有”。

老师再展示相关图片 2 接着问：“他们家有几口人？有什么

人?”要求学生用汉语回答。老师接着问：“他们家还有什么?”。学生回答：“一只狗”。老师回答说：“他们家还有一只狗。”要求学生一起说。

老师指着第一排学生，用汉语问全班同学：“有几个同学?”学生：“有三个同学。”老师手指着全班同学问：“我们班有多少同学?”学生数完后回答：“有 17 个同学。”老师又指着第一排的同学问：“有几个同学?”学生：“有三个同学。”老师从问句中让学生注意到“几”和“多少”的差别。

然后讲明“几和多少”都用于问句，但“几”用于 9 个以下的数量，“多少”用于数量比较多的时候，数量少的时候也可以使用。学生在前面的师生问答中已体会到“几和多少”的差别，为了进一步巩固，老师再拿出几张照片来练习“几和多少”。

接着老师一手拿着图片 1 问：“有几个人?”要求学生用汉语回答。老师另一手拿着图片 2 问：“有多少人?”学生用汉语回答。

老师手里再拿着照片问“有几张照片?”学生：“有两张照片。”老师拿着一张 CD 问：“有几张 CD?”学生用汉语回答。老师注重从操练中让学生学到词语用法。

老师接着解释“做、工作”。展示一面有汉字一面有拼音的图片，用汉语问“他做什么工作?”让学生自然说出“他是医生，他是工人，他是农民等”，全班同学回答完后，让学生按照座位的顺序轮流说。因为班里的学生大部分都是商人，所以补充讲解“商人”一词。

（5）巩固练习

练习一：问答练习

老师：“我们班有多少男同学?”

学生：“有 4 个男同学。”

老师：“有多少女同学?”

学生：“有 13 个女同学。”

老师："我们班一共有多少同学？"

学生："我们班一共有17个同学。"

老师："男同学多吗？"

学生："不多。"（也有的同学回答"没多"，老师及时纠正。）

老师："女同学多不多？"

学生："多"。（学生回答不够完整，老师补充讲："很多。"）

练习二：活动练习

老师在黑板上展示一段对话，把学生分为两个人一组，按所给的内容来完成：

A：你们家有几口人？

B：________________________________。

A：你有没有哥哥和姐姐？

B：________________________________。

A：我有____个________，没有________。

B：你有没有姐姐和妹妹？

A：我有____个________，没有________。你呢？

B：我有____个________和____个________。

（6）布置作业：

要求学生第二天上课介绍自己一位朋友的家人。

（2）缅甸汉语词汇教学新模式的思考

上述案例中教师所使用的词语训练方法有：1. 直观法：展示物品来说词语。2. 认读法：板书设计让学生带读，领读。3. 类聚法；包括同义词类聚、反义词类聚、类义词类聚。其中主要使用了类义词类聚，词语分散学习记忆容易忘记，用类聚法来进行教学可帮助学生词群记忆。4. 联想法：在教学环节中轮流说出有关系的词语，老师营造一个情景让学生去联想有什么内容，主要用在导入环节，这样把学生的注意力直接引入所要学的内容中。5. 问答法：以学生为主体的对外汉语词汇教学环节中，为了营造活跃、互动的教学气氛，老师用指定语提出问题，用规定的词语让学生回答问题以熟练词语的运用。6. 替换法：为了测试学生的理解程度、运用程度，要求学生用有关词语替换句中的词语。

缅甸传统的汉语词汇教学，是让学生自己在课下通过抄写生词来巩固和记忆。这样的指导方法不但没有让学生学会词语的用法，而且有些学生偷懒或其他原因没抄写、没复习，以致第二天上课老师讲解课文都不懂，从而对学汉语有反感，逃课最后导致退学。

这次教学实施后，实习教师蔡敏慧随机访问了一些学生，百分之九十以上的学生喜欢这种新的词汇教学模式和方法，只有很少一部分学生喜欢传统的词汇教学模式方法。

第三章　基于实践的国际汉语词汇教学方法研究

第一章我们已经根据词汇教学环节对词汇教学方法做了详细的归纳、总结和阐述。然而，实践出真知，“教无定法”，所以在实际教学实践中，我们还需要提出并对一些实用的词汇教学方法进行研究。

第一节　国际汉语词汇教学中的复现教学法研究

在汉语国际推广背景下，越来越多的外国人加入汉语学习的队伍中，新的教学方法也不断被引入到我们的对外汉语教学里。然而，无论是在国内还是国外，汉语教学效果仍处于不太理想的状态中，学生普遍感觉汉语难学。常听学生抱怨：“我喜欢汉语，可汉语不喜欢我，我每天努力学习，可是很多东西今天学了，明天又忘了。”可见，如何帮助学生提高学习效率，保持长时间记忆具有非常重要的意义。根据德国著名的心理学家艾宾浩斯（Hermann Ebbinghaus）1885 年发表的实验报告可知，按照保持时间的不同，记忆可分为短时的记忆和长时的记忆两种，二者之间的关系则是：“输入的信息在经过人的注意过程的学习后，便成为人的短时记忆，但是如果不经过及时的复习，这些记住的东西就会遗忘，而经过了及时的复习，这些短时记忆就会成为人的一种长时的记忆，从而在大脑中保持很长的时间”。[①] 现代认知心理学的研究也表明，外部信息经过感觉通道先进入短时记忆，它的容量有限，容量以内的信息在短时记忆中可短暂地保持约 15~30 秒，利用默默地重复即复述（rehearsal）可避免迅速遗忘，并且还可借此进入长时记忆。[②] 可见，防止遗忘的有效手段之一就是加强对输入信息的及时复习。

记忆与遗忘的规律对国际汉语词汇教学有着重要的指导意义，已有研究结果表明，生词重现率对欧美学生汉语词汇学习的影响较大。我们结合教学实践，通过考察教材词汇的复现情况和生词复现听写的实验情况，证明复现教学法对当前国际汉语词汇教学的巩固和积累具有十分重要的意义。

一、教材词汇的复现——以《博雅汉语》（初级起步篇·II）[③] 中第一课的生词复现为例

复现涉及“复现率”和“复现数”“复现方式”三个概念。所谓“复现率”，是指某一调查对象在调查范围内重复出现的次数。“复现数”则指某一调查对象在调查范围出现的次数减去它出现的首次，即假设某一调查对象在一定范围出现的次数为 N，那么复现数则为 N-1。“复现方式”包括基本复现（比如直接出现在课文中、阅读材料里）和曲折重现（比如间接设计在词汇输出性练习里，如对话、看图说话等练习的答案里等），本文主要考察的是

① 焦燕：《从艾滨浩斯遗忘规律曲线谈大学英语词汇记忆》《苏州教育学院学报》，2006 年第 2 期。

② 王骏：《汉语词汇在长时记忆中的储存模式及其对教学的意义》《语言教学与研究》，2008 年第 4 期。

③ 注：《博雅汉语》系列教材是李晓琪主编、北京大学出版社出版的一套汉语综合教材，使用较广泛。全套教材分为初级起步篇、中级加速篇和高级冲刺篇，分别用于初级、中级和高级国际汉语的教学，每一级别中又包括Ⅰ、Ⅱ两册教材，如《博雅汉语》（初级起步篇）又包括《博雅汉语》（初级起步篇·Ⅰ）和《博雅汉语》（初级起步篇·Ⅱ）。

基本复现。英语和汉语教学界，已有不少文章谈到教材生词复现率（或重现率）的问题（参见吴世雄 1998，周淑清 1999，柳燕梅 2002），认为提高生词复现率有助于学生记忆生词。一部好的对外汉语教材，一定会考虑这个问题，一定会尽可能使生词在教材中重复出现，因为生词在教材中的复现率、复现数以及复现方式与巩固学习者对词汇的记忆密切相关。

陆俭明先生指出："词汇教学，应属于重点教学内容，特别是初级阶段。"① 在汉语初学阶段，语法要点较少，学习的重心集中在词汇上，如何完成基本的词汇学习和积累，作为教学依据和载体的教材，在词汇的复现方面就需要科学设计，以最大限度地发挥教材作为主要语言输入材料的作用。限于篇幅，笔者研究的教材语料以 2005 年北京大学出版社出版的教材《博雅汉语》（初级起步篇・II）为样本。

我们先将《博雅汉语》（初级起步篇・II）的文本通过数据库进行词汇的统计处理，抽取了第一课生词表中的生词作为考察对象，统计了第一课全部生词以基本复现方式出现的复现率、复现数以及复现课数、间隔课数等，并在此基础上对比分析了该课甲级词汇和非甲级词汇的复现问题。具体数据见以下各表：

表 3-1 第一课（即课本 31 课）的总生词数及复现词数情况

教材名称及课文	总生词数	复现词数（占百分比）
《博雅汉语》（起步篇・II） 飞机晚点了	23	15（60%）

表 3-2 复现词语的基本情况

词目	词性	等级	复现数	复现率	重复课数（具体出现的课文）	跨课度
1. 接	动	甲	3	4	2（31、55）	0.17（1/6）

① 陆俭明：《"对外汉语教学"中的语法教学》《语言教学与研究》，2000 年第 3 期。

续表

词目	词性	等级	复现数	复现率	重复课数（具体出现的课文）	跨课度
2. 飞机	名	甲	4	5	1（31）	0
3. 送	动	甲	2	3	2（31、53）	0.09（1/11）
4. 父亲	名	甲	6	7	4（31、49、52、54）	0.17（4/23）
5. 回	动	甲	6	7	6（31、36、38、43、44、47）	0.375（3/8）
6. 机会	名	甲	1	2	2（31、38）	0.3（2/7）
7. 遇到	动	甲	2	3	3（31、46、55）	0.21（3/14）
8. 进	动	甲	8	9	5（31、39、41、53、54）	0.23（5/22）
9. 看见	动	甲	2	3	3（31、39、45）	0.21（3/14）
10. 母亲	名	甲	1	2	2（31、49）	0.11（1/9）
11. 机场	名	甲	2	3	1（31）	0
12. 次	量	甲	11	12	8（31、35、44、45、47、51、52、53）	0.36（4/11）
13. 父母	名	超纲	8	9	3（31、49、55）	0.21（3/14）
14. 航班	名	丁	2	3	1（31）	0
15. 晚点	形	超纲	1	2	1（31）	0

第一课 23 个生词中没有复现的 8 个生词又是什么样的情况呢？是什么样的生词呢？我们可以通过下面表 3-3 来了解。

表 3-3　基本没有复现的生词情况

词目	1. 查	2. 晴	3. 阴	4. 奇怪	5. 日记	6. 转	7. 正点	8. 起飞
等级	甲	甲	甲	乙	乙	乙	超纲	丙
频数	1	1	1	1	1	1	1	1
词性	动	形	形	形	名	动	形	动

复现的 15 个生词是否都为甲级词，如果有别的，是否合理？我们可以看下表四：

表 3-4　全部生词基本复现情况对比

全部生词	数量	总复现率	平均复现率
甲级	15	63	4.2
乙级	3	3	1
丁丙级	2	2	1
超纲	3	12	4

由以上各表可以看出，《博雅汉语》（初级起步篇·Ⅱ）第一课的生词复现大致表现出如下特点：（一）比较注重生词的复现，复现生词占总生词数的60%；（二）复现时比较注意跨课度即注意间隔一定的授课时间呈现，15个基本复现的生词中，集中在一课中复现的词语仅4个，其他跨课出现的生词平均跨课度都大于0，这说明编写者比较注意词语重复出现的间隔与记忆的周期相适应；（三）从复现频数上看，比较注意甲级生词的复现，如15个甲级词语，在整册教材中的基本复现总频数是63，平均频数是4.2，这是比较符合初级汉语词汇教学需要的；对超纲词语的复现比例则重了一些，平均频数是4；（四）从复现词语的词性看，动词为6个，名词为7个，形容词和量词各有1个，可见，该教材选取的复现词汇，偏重语义较具体的实词，这也比较符合初级汉语词汇学习重交际和日常生活的需要。

从以上的抽样统计结果看，《博雅汉语》（初级起步篇·Ⅱ）在生词的编排上，是非常注意生词复现率的。这在一定程度上指导和影响了使用该教材的教师，使得教师在词汇教学时会自觉或不自觉地运用复现教学的方法。

除了教材的词汇要具备一定的复现率以外，在具体教学过程的实施中，教师也应该注意结合教材进行词汇的复现教学，才能更好地帮助学生掌握汉语的基本词汇。

二、生词复现听写教学实验

我们仍以《博雅汉语》（初级起步篇·II）中前四课的甲级生词复现听写实验为例。甲级生词是留学生汉语学习的重点和进一步学习的基础，因此也必然成为汉语词汇教学的重点，初级汉语词汇教学的一个重要任务就是帮助留学生能长时记忆课文中的甲级词。从上述抽样考察可知，甲级生词在《博雅汉语》（初级起步篇·II）中的复现率是比较高的。在具体课堂教学中，如教师能结合教材，采取复现教学的方法，比如重复生词，滚动、累加式地课堂听写，应能有效帮助学生对基本词汇的记忆和掌握。为了检测这种词汇复现教学的效果，我们做了一个实验，具体如下：

（一）设计说明：本实验为排除开学初期学生调班变动较大等原因，从开学第六周正式实施，具体试验时间为 2011 年 10 月 10 日—11 月 8 日。实施的课堂为综合课，每周有 5 次课，每周 15 个生词，4 周实现 60 个生词的高频复现学习。本实验以《博雅汉语》（初级起步篇·II）中的甲级生词为教学实验内容，在课堂上以独立的教学环节出现，对这些词语的音形和基本义进行滚动重复练习，不要求学生课下练习。

（二）实验对象：本班有学生 16 人，分属乌兹别克斯坦、吉尔吉斯斯坦、美国、爱尔兰和法国，因为有 8 位学生在四周的实验期里，存在不同程度缺课的现象或者是试验后期入班的，没能参加全部的听写，所以我们这里选取的是 8 位四周综合课全勤的学生听写成绩作为样本。每次默写成绩以 100 为满分。

（三）实验词汇：从前面所学课文（第 1 课至第 4 课）生词中，按其出现的先后顺序抽取 60 个甲级词汇，具体如下：

进＼看见＼接＼飞机＼送＼父亲＼回国＼飞机＼查＼次＼晴＼阴＼父亲＼母亲＼机会＼机场＼遇到＼搬＼银行＼方便＼离＼近＼比＼主要＼周围＼练习＼好处＼注意＼合适＼发现＼以前＼

水平＼高＼原来＼套＼远＼同志＼不久＼年纪＼长＼样子＼眼睛＼米＼（旅行）包＼南＼操场＼支＼笔＼本子＼或者＼联系＼感谢＼短＼一样＼地方＼发展＼人们＼上学＼开＼亿

（四）实施过程：第一天在黑板右上角边读边板书3个学过的甲级单词（进＼看见＼接），到第二天上课时听写前一天的3个词语，并更新3个（飞机＼送＼父亲）。学生第一天写3个，第二天就写6个，以此类推，滚雪球式，越滚越多。学生们写的面越来越大，生词的复现率也越来越高。每天开始上课时，都有一个小的听写和增加新词环节。

按照记忆周期，我们抽取了作为实验对象的8位同学的4次（第二天、一周、二周、四周）听写情况进行了统计和考察。这8位学生各次默写的总体情况见下表：

表3–5

听写日期	听写生词量	满分人数	90~99人数	80~89人数	70~79人数	60~69人数	0~59人数
2011-10-11	3	3	0	0	4	0	1
2011-10-18	15	2	2	1	1	2	0
2011-10-25	30	3	3	1	1	0	0
2011-11-08	60	1	3	1	1	2	0

从上表我们可以看出，随着时间的延长和生词量的增加，听写成绩得满分的学生人数是有起伏变化的。有研究人士者根据艾宾浩斯曲线总结了有助于记忆的8个周期：短时记忆周期分为5分钟、30分钟、12小时，长时记忆周期分为1天、2天、4天、7天和15天。上表可以初步印证在记忆周期里，特别是在学生学习的第二天和两周内重复教学是非常必要的。

下面，我们可进一步看单个学生四次默写的具体情况：

表 3-6

时间	听写生词量	戴分数	扎分数	阿分数	韩分数	劳分数	好分数	朱分数	安分数
2011-10-11	3	100	100	100	75	75	75	50	75
2011-10-18	15	100	100	93.3	73.2	73.2	86.6	73.2	93.3
2011-10-25	30	100	100	100	96.7	80.2	93.4	76.9	90.1
2011-11-08	60	98.3	100	94.9	91.5	67.7	81.3	66	72.8

（8 位学生分别为：戴明奥、扎法尔、阿尔斯兰、韩爱丽、劳拉、好利雅、朱琳、安吉丽娜）

用图可以进一步表示如下：

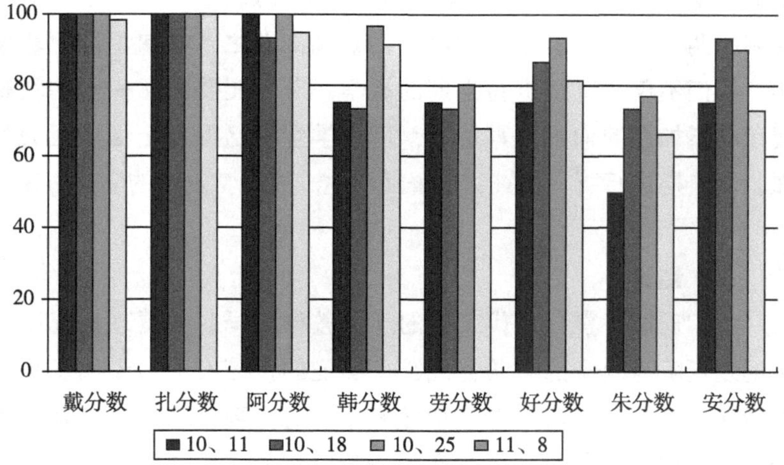

图 3-1

由以上图表我们可以看到，8 位学生在这种词汇记忆的重复训练中，随着词汇记忆量的增加，除了 4 位同学以外，其他同学记忆的分数都较第一次有所下降；他们四次的记忆质量也不是直线上升，而是有高有低的。可见，这种重复循环记忆生词的效果因人而异，不一定对每个人的提升效果都一样。通过随机调查参加实验的学生，8 位学生中有 7 位反映这种教学方法对自己牢记生词很有帮助，但有 2 位反映这种方法虽然对自己有帮助，但是有点累，担心自己不能坚持。

通过这段时间对高频复现生词的听写实验训练，参加实验的学生们对已学生词的熟练程度较之前有了明显的提高，也取得了较好的教学效果：（一）大部分学生养成主动复习已学过生词的学习习惯，少数学生还能在此基础上有意识地进行阶段性自测，从而提高了学生识读生词的注意力和热情；（二）对基本生词的掌握有较大进步，以前无论考试还是平时练习，看到“选词填空”一类的词汇题，学生就感到害怕，因为很多学生根本不认识所给生词，看到句子只能瞎猜瞎填，而结束这段时间的实验和训练后，多数学生对课后选词填空题能很好地独立完成；（三）汉字差而听说好的两个学生也有了学习汉字的热情。总之，在课堂词汇教学中，我们不仅要坚持听写生词的教学环节，还要注意一开始就布置滚动累加性的词汇默写练习，培养学生自己循环记忆词汇的习惯，并定期进行听写检查，以督促学生养成自觉复习的学习习惯。

三、结论

我们通过考察具有代表性的汉语教材生词基本复现情况以及生词复现听写教学的实验情况，从实证的角度有力地说明了复现教学在提高国际汉语词汇教学效率中具有重要的意义。教师如果能配合教材生词的复现，注意词语的复现教学，就能帮助学生长时间地记住汉语的基本词汇，就能帮助学生养成复写或复习生词的学习习惯，从而减少学生“今天学，明天忘”的现象，真正将教学活动中的“教材、教师、学生”三要素融合在一起，以达到理想的教学效果。

当然，词汇的复现，除了本文所述的直接复现方式以外，还有曲折复现的方式。好的教材，词汇复现不仅会在课文中做基本复现，还会在课后的练习中呈现多种形式的曲折复现；而好的教师进行词汇复现教学时，也不应止于生词滚动累加式的循环复现教学，还应围绕目标生词做各种各样拓展性的复现设计，如课堂问答和让学生改说句子等等。限于精力，我们就不在此具体探讨词汇复现教学的各种方法了。

第二节　国际汉语词汇教学中的形义系联教学法研究

汉语难学主要难在汉语字词难记，字词难记则主要在字词“形”和“义”的难以匹配上。当前国际汉语词汇教学中实际存在着“重语用、轻语形”的倾向，关于词语的形和义如何匹配在一起？如何分解这个词形的结构等问题，教师作为母语者常常有意无意地加以忽略，课堂上的时间更多的是留给“词语运用”教学。据本人了解，美国暑期来华的各个汉语强化项目，都没有生词的形义教学，教师在课堂上也不对生词形义做专门的教学和指导。其他海外汉语词汇教学，如缅甸、越南等地的华文学校或汉语培训学校，教师在课堂上也多只让学生重复抄写生词，以达到形义的匹配记忆。

如何匹配记忆词汇的形义是个难点，也是留学生汉语词汇学习的第一个层面，即学生首先得记住这个词的形和义，才能更快更好地进入第二个层面的“词语运用”。正如白乐桑先生所言，外国学习者第一次与汉字见面，会在记忆方面有障碍，我们得有助记的办法。[①] 汉语词汇形与义的匹配记忆当然是需要教师在课堂中进行教学指导的。构成汉语词汇的语素载体汉字，具有很强的理据性，词汇教学中，如果教师积极利用汉字的形体特点，为学生

① 此为法国白乐桑先生在北京大学“黉门论坛”（2016年10月29日）上发言的观点之一。

讲解其构字和构词的文化理据，一定会对留学生汉语词汇形义的学习起到积极作用。

目前对国际汉语词汇教学的研究，多着眼于词汇的教学方法、技巧和模式等的探讨上，关于教师帮助学生克服汉语词汇形义匹配记忆障碍的研究还少见。因此，我们结合自身的教学实践，从形义理据视角做了相关探讨。

二、字词形义系联教法的理论依据

（一）汉语词汇形义关联的特点是字词系联教法的基础

汉语字词的紧密联系，以及汉字形义相呼应的特点，是汉语词汇教学不同于其他二语词汇教学的关键所在。汉语词汇的形体与意义是相互关联的。汉语的基本词汇多表现为单音节的象形字，因此，汉语构词语素的形体与其意义关联性很大。比如，我们告诉学生“日”和“目”旁是怎么来的，表示什么意思，然后就可以讲解“晴”和“睛”的词义了。有的独体字作偏旁部首时，字形稍有变化，但基本一样，如木、足等，有的独体字作偏旁部首时，字形变化很大，如人—亻、辶—走、忄—心、扌—手等。毋庸多举例，大量的例子表明，汉语词汇的“形”和“义”有着强大的关联性。

（二）词汇形义相关的学习和记忆理论

1. 二语词义的外显性学习

关于二语词义的学习，目前得到普遍认同的是 Ellis 的外显学习观，即需要学习主体有意识地运用各种认知策略促进二语词汇形—义匹配关系的记忆。（Ellis CN. 1997）外显学习需领会层面上的意识（awareness at the level of understanding），例如学习者对先后接触的语言实例进行有意识对比、归纳、假设并验证其中规则就是外显性学习。（Schmidt R. 1990）

二语词义的学习，很大程度上也是形—义匹配关系的确立与巩固，这种学习离不开语境，离不开典型共现搭配的参照。因为一个词蕴含着多个表层与深层意义，形—义匹配关系的学习也并非简单的一对一组配过程，但我们要说，在汉语学习的初级阶段，汉语词汇基本意义，即其表层意义与汉字形体的组配关联显得尤为重要。

Doughty 和 Williams（1998）强调，二语词义学习不仅需要分别注意形与义，还要对二者之间的联系作出假设（hypothesize a connection），这是一个认知努力的外显加工过程。因为自然语言中的符号与其所指概念的联系，形—义关系的任意性（arbitrariness）使其难以借助内隐学习机制（即连通主义记忆模型）习得。（Cuptap，1999）

基本词义是人们长期认知沉淀的结果，其形—义匹配关系的任意性决定了意识参与的必然性；而某些隐性词义特征（即受搭配词词义影响而生成的表达性联想意义），其形—义关系是非任意的，可以内隐习得。而初级阶段的汉语词汇学习，多以学习词汇的基本意义为主要任务。

2. 注意理论

心理学研究发现，外显学习对注意力资源有较高要求，而要发生任何形式的学习，不同程度的注意是前提。① 二语词汇语义的学习，有情境才能激发注意，才能有助于形与义匹配的固定化记忆，我们认为汉语的字形形体部件提升了汉语的情境表现力，因为除了搭配和句子上下文等语境以外，汉语字符本身的形象意义就一定程度上提供了词语基本意义再现的情景。

根据汉语词汇“形—义”高度关联的特点和二语词汇学习记忆的理论，国际汉语词汇教学中，教师若利用汉语字词关联的特

① 龚嵘，郭秀艳：《二语词汇形—义匹配关系习得中的无意识贡献成分——语义韵内隐学习实证研究的启示》《外国语》，2009 年第 3 期。

点，提高留学生的注意度，是能帮助他们对汉语词汇意义和形体进行匹配习得的。

（三）文化理据

文化是汉语词汇构成的重要理据。“人们是依据客观事物的特征、客观事物之间的关系以及人们对客观事物的认知评价来构词的。”所谓词语的文化理据，“指的是词语构成、词义发展所依据的社会文化背景。”① 本次教学实践研究主要从词语构成的文化理据方面，联系词汇形体对其基本意义做阐释，让留学生对初次接触的词汇有一定的感知和认知，从而帮助其对汉语词语进行形义的匹配记忆。

三、汉语词汇形义系联教学的教学行动研究

（一）研究方法

基于前述认识，我们不赞同课堂上没有生词形义教学的环节，认为应该改变传统词汇教学模式，加重生词形义关联性的教学和解释，从而帮助学生记忆。我们采取了行动研究的方法，以教材《博雅汉语》（初级起步篇·Ⅱ）中“扌（手）”旁和“忄（心）”旁的两组目标词语为例，进行了“字形——词语表层义——词语深层义”的教学行动，并对学生的学习记忆效果做了测查和访谈，最后还对汉语词汇形义教学中的几种方法做了调查。

（二）研究对象

受传统语文教学的影响，汉语词汇的形义教学多以机械的“读——释义——默写——记忆”模式为代表。本人担任初级汉语综合课教学多年，该门课的学习者为不同母语背景的初级汉语学习者。我们对中央民族大学 2015 年春季学期 4 班初级汉语综合课

① 田恒金：《浅杆词语理据的文化性》《汉字文化》，2001 年第 3 期。

的词汇形义教学做了研究，该班学生多为学过一个学期汉语、母语为非汉字文化圈的同学，其年龄多在20岁左右。

（三）研究过程

1. 目标词语的选择

我们选择了所教班级综合课教材《博雅汉语》（起步篇Ⅱ）中“扌（手）”旁和“忄（心）”旁的生词作为具体教学考察的词语。之所以选择这两组词语为例，是因为据初步统计，这两种偏旁的词语在该教材中出现较多，分布也较广。具体情况如下表：

表3–7　词语表

偏旁	生字词	课号
扌（手）	表扬、挨打、擦、对手、按、摆、搬、搬家、报（名）、报到、抱、操场、抽空儿、打工、挡、巴掌、掉、挂、拐、搅拌、接（送）、接到、接着、摸、捧、批评、扔、捎、拾、摔、提高、推、推销员、握手、扎啤、羊排（36个）	1、2、3、7、8、9、10、11、12、13、15、17、19、20、21、22、23、24、25（共19课）
忄（心）	奇怪、注意、感到、感谢、关心、狠心、后悔、怪、忽然、回忆、急忙、惊讶、决心、开心、满意、忙碌、耐心、点心、悄悄、生意、性格、苦恼、愿、愿望、忍、忍不住、愉快、留念、想法、理想、同意、态度（32个）	1、2、3、5、8、9、10、12、14、15、16、17、19、20、21、22、23、25（共18课）

2. 教学的实施

首先是每个词形义匹配系联的分散教学。依据教材对每课课文生词进行教学时，我们都设计了生词形义的讲解和听写生词的环节。生词讲解环节，特别注重将汉语生词的形体与其意义相联系，并与音、形相似的相关词语作辨析，主要是帮助学生在初次接触课文生词时，有一种立体的认识和记忆。教材中“扌（手）”和“忄（心）”旁的生词语，分布在全书的25课中，而每课的生词教学都会对这些词进行形义上的拆解，因此，这些词语首先已经在25篇课文的生词教学环节进行了零散的形义拆解和匹配讲解。如第1、2、3课的生词教学中，我们已经进行了部分“扌（手）”

和“忄（心）”旁生词语的教学。

其次是集中同一偏旁词语的形义教学。结合本次研究需要，在本册书的全部25课学完后，我们按照偏旁，对上述36个“扌（手）”旁生词语和32个“忄（心）”旁生词语进行了集中的教学和复习。如对“扌（手）”组词语的集中教学，我们是先将“扌（手）”旁生词分为动词和名词两组：

（1）动词

①表示与手有关的动作：按、摆、搬、擦、抱、掉、挂、拐、摸、捧、扔、捎、拾、摔、推、搅拌、接（送）

②手有关动作的比喻或延伸：报（名）、报到、提高、抽空儿、打工、接到、接着、握手、搬家

（2）名词

对手、操场、巴掌、推销员、扎啤、羊排

再通过肢体动作解释A组动词，并辅以汉字结构的讲解，即说明这组词中“扌”旁表示他们的意思与手的动作有关，而字形的另一半则分别表示他们的读音，如：按（an）——安（an）、摆（bai）——罢（ba）、擦（ca）——察（cha）、抱（bao）——包（bao）等。对B类动词的意义讲解，也是从字形的本义讲起，如“提高”，教师先用手将东西从低的地方向上提起，同时说明这是将东西提高了，然后说出“我们的汉语提高了”的句子，其意思学生就能明了。“抽空儿”，先示范“抽”的动作意思（从一堆书中抽出一本），然后解释“抽空，就是抽出时间”，学生很容易就理解了。对那些从现代字形已经不好看出本义的字，则采取利于学生记忆的解法了。如“报名、报到”中的“报”，其繁体“報”本身是会意字，金文左边像个双手戴铐跪着的人，右边是只大手，本义是“押解犯人，对其进行判决”的意思，但即便还原其繁体字形，仍不利于学生将简体与所学词语的意义相联系，所以在教给学生时，我们以“在中国老师点名时，念到名字的人经常举手

示意”“到一个地方进门，也常以举手敬礼的方式”的解释为例，说明二者均与“手”有关。

对名词的解释是从“手”本身和与“手”有关的动作先说起，再引导学生理解这个词语的意思。如从“左右相对的两只手”，引出“实力相当的比赛或斗争的双方”，以此来解释“对手”的含义。当然，还要对音译的“扎啤”作特例的讲解，说明“扎”是英文“jar”（广口瓶）的音译，与“手”的动作无关。

对“忄（心）”组词语的集中教学，我们也是先将“忄（心）”旁生词分为动词、形容词或副词及名词三组：

（1）动词

注意、感到、感谢、关心、狠心、后悔、怪、回忆、惊讶、满意、苦恼、愿、忍、忍不住、同意

（2）形容词或副词

奇怪、急忙、惊讶、忙碌、愉快、耐心、悄悄、开心、忽然、决心

（3）名词

点心、生意、性格、愿望、留念、想法、理想、态度

对这些词语的解释，是从“中国古人认为心是进行思维的器官”开始，引导学生了解与“忄（心）”旁相关的词多与“思想和感情”有关。重点解释词中字的意义，如“意”，是“心意”，“注”，是“专注”，“注意”就是“把心意放在一个地方”。“感”，是“思想感受”。对“点心”一词的解释，则从糕饼之类食品的甜味暖人心的功能上试图帮助学生建立该词与“心”的理据关联，“生意”指商业买卖，其意义的理据，则试图从“卖者行为与买者的意愿紧密相关”这点上解释。

人类对外界的认知是从自身的感觉开始的。在汉文化中，“手”的重要性尤为突出，几乎所有看得见的行为动作都离不开手，所以汉语里“扌（手）”旁的构词就非常多。而中国传统文

化观念认为人的认知、思维和情感都发于心，所以在汉语里，“心”非常重要，“忄（心）”旁的构词也非常多。

3. 教学效果的测查

按计划的教学程序，笔者在学期总复习的环节集中教授和复习了教材中“扌（手）”旁和“忄（心）”旁的生词语。一周后，期末考试的听写题中，我们兼顾课文出现的先后顺序、单双音节和词性几个方面后，随机抽取了“扌（手）”旁和“忄（心）”旁生词语各10个，进行了听写测查。所抽20个词语具体如下：

“扌（手）”旁：接　搬家　报名　拐　挂　对手　搅拌　推销员　抽空儿　捎

“ （心）”旁：奇怪　满意　怪　后悔　愿望　苦恼　决心　悄悄　忍不住　忙碌

参加考试的同学听写结果如下表：

表3-8　考试结果

学生	所写生词正确数（所占比例）		总正确数（所占比例）
	“扌（手）”旁词	“忄（心）”旁词	
马志辉	9（60%）	6（50%）	15（75%）
萨扎尔	10（100%）	8（80%）	18（90%）
孟和吉雅	9（90%）	7（70%）	16（80%）
阿龙	10（100%）	6（60%）	16（80%）
王快乐	8（80%）	5（50%）	13（65%）
石大林	10（100%）	8（80%）	18（90%）
罗凯	8（80%）	7（40%）	15（75%）
马修	5（50%）	4（40%）	9（45%）
艾迪	10（100%）	10（100%）	20（100%）
阿克力	6（60%）	4（20%）	10（50%）
英格尔	7（20%）	5（20%）	12（60%）
阿里	6（40%）	5（20%）	11（55%）

由上表可知，听写的20个生词中，12位学生总正确率在50%以上的共有11位，总正确率在60%以上的共有9位。因我们在复习中，并未强调可能会听写我们所复习的生词，而只是举例式的再次引导学生学会将字形、字音、字义和词义相联系进行记忆，所以，这个结果是比较好的。据以往的教学经验，每课听写过的生词，至学期结束时，再让学生听写，正确率也不过30%~40%。从上述的听写结果中，我们还发现，“扌（手）”旁词语的听写普遍比“忄（心）”旁词语的听写要好。这可能与“扌（手）”旁词语的意义相对具体形象，而“忄（心）”旁词语的意义相对抽象有关。

4. 汉语词汇形义教学方法的反馈和调查

汉语词汇中，由形索义的文化理据主要体现于语素的形符上，上文我们是以两组词语的形符为例，而实际的词汇教学中，我们也非常注重将语素的形符、声符与其意义建立联系。比如在进行“晴天”“眼睛”等词汇教学时，我们会将声符相同的“晴——睛”拿出来进行形旁和意义的辨析。

本班有两位女学生（一位俄罗斯的，一位蒙古国的）下课时几次主动跟笔者说，“老师讲生词的方法很好，我们以前觉得汉语生词很难写很难记，要花很长时间才能写对，现在老师讲后，我们只要一刻钟或半小时就能写对一课的全部生词了。”“我们以前的老师这样讲生词就好了。”这两位学生的话，一定程度上反映了初级阶段综合课上，生词结合汉字理据讲解是非常必要的。

除了学生的主动反馈，笔者还结合该学期的教学，做了一个简单的生词形义教学方法的调查。调查内容具体如下：

你觉得综合课上生词教学的方法怎么样？请在数字上打钩（√）。

1. 一点儿也没用　2. 没用　3. 不知道　4. 有一点儿用
5. 很有用

A 结合形旁意义，进行辨字组词　1　2　3　4　5

如：问（问题）　活（活动）

间（时间） 话（说话）

B 聚合同一形旁，归类教学 1 2 3 4 5

如：氵：江 河 海

扌：抱 推 挡 摔

C 同（近）音不同形义的比较 1 2 3 4 5

如：但（是）——淡（淡的）——（鸡）蛋

留（念）——流（利）

立（着）——力（气）——（美）丽——厉（害）——（鼓）励——历（史）——例（如）

D 只跟老师读生词，然后自学 1 2 3 4 5

如：跟读满意（man3yi4）后自己在下面学

对 12 位学生调查的结果如下表：

表 3-9 教学方法调查结果

学生		马志辉	萨扎尔	孟和吉雅	阿龙	王快乐	石大林	罗凯	马修	艾迪	阿克力	英格尔	阿里
选项结果	A	5	5	5	5	5	5	5	5	5	5	5	4
	B	4	5	5	4	4	3	5	5	5	3	3	4
	C	4	5	4	3	3	5	5	5	4	5	5	5
	D	3	3	3	3	3	3	3	3	3	2	4	2

总的来看，对于注重从生词形、意、音三个角度出发的 A、B、C 三种教学方法，学生们的选择基本在 3 分以上，即认为都有用。只有 D 种跟读加自学这种自学为主的教学方法留学生们多选择“不知道”。

对此，本人找了两位学生做了简单访谈。一位是前面提到过的女孩之一，俄罗斯的艾迪（25 岁），一位是美国男孩罗凯（18 岁）。艾迪说，上学期在学习生词时，老师多没有对生词的字进行讲解，自己觉得很难记，老师只是带着大家读，回家多是自己不停地写很多次，这样没有 rule 很容易忘记。罗凯则说，老师带着大家读，回家后自己写很多次可能会写了，但没有懂，真的没有帮助自己记忆。

这里本人只是做了一个初步的教学行动研究，范围较小，但该研究的良好测查结果和调查反馈可以带给我们如下几点启示：第一、国际汉语词汇教学首先是词汇外形（即其语音外壳、汉字形体）和意义的匹配教学，其次才是用法的教学，不能忽略帮助留学生克服记忆障碍的步骤和环节。第二、文化是汉语构词的理据，教师在词汇教学中应重视从文化理据角度阐释生词的本义，应结合汉语的构词规律进行词汇形、义的系联匹配教学。解析词语的文化理据对留学生汉语词形与词义匹配记忆有帮助，是真正的以学生为中心的教学。第三、在一定意义上，这种词语形义系联匹配的教学避免了国际汉语词汇教学中基于“字本位”的单一“语素教学”或“词本位”的全部“整体词语”教学的缺点。

第三节　国际汉语词汇教学中的构词分析法研究

汉语的词汇除了部分单纯词，大部分是合成词，而合成词中虽然大部分是复合法构成的，但通过附加法构成的词语也很多。初学汉语的学生，由于所学汉语的字词量较少，大部分还没有汉语的构词意识，基本上是整词来记忆的。但到了准中级汉语学习阶段后，我们发现在词汇教学时，用上汉语的构词分析，对学生记忆和扩展词汇很有帮助。

一、复合式构词词汇的教学

在汉语教学的初级阶段，我们就尝试在词汇教学中对一些复合式构词词汇进行构词方法的教学，事实证明是受学生欢迎的。

在《博雅汉语》（起步篇Ⅱ）的词汇教学中，本人就经常尝试用构词解析的方法进行教学。

（一）定中结构的词语教学

例如在教“自行车”时，我们以“车”为中心，让学生说出自己知道的车，等学生说出后，我们将各种车的名称列在黑板上：

火车

自行车

汽车

摩托车

然后请同学们找出这些词语的共同点和不同处，大家说出共同点是顺序相同，即都为“X车”，不同的就是前面那几个字不同，接着老师一一解释，为什么叫火车，因为以前的火车是要用火做动力才能动的，自行的意思就是“自己行走”，即要使用自己的双腿蹬自行车才能动，汽车是要用汽油才能动的，摩托是英语“motor”的翻译。最后用“三轮车、驴车、马车”的图片（图片上不出现相应的名称词），引导他们说出这些车的汉语名称词。

此外，关于“球”类的教学，我们也使用了上面类似的构词解析教学方法，帮助学生理解和扩展了相关词汇。

还有一些普通的词语，例如以“箱”为中心的词族，虽不多，也不太常用，但仍然可以通过构词法的解析帮助学生理解记忆。例如，在教课文生词“冰箱”时，我们先是分别问“冰”和“箱”的意思，等学生理解“冰激凌”的“冰”和“箱子”的“箱”后，问他们，这个词语为什么这么说？能不能说“箱冰”？然后配合木箱、纸箱、烤箱的图片问学生还有哪些“X箱”，这样可以引导他们说出这些箱子对应的汉语名称词。

（二）状中结构的词语教学

在《博雅汉语》（起步篇Ⅱ）中有一篇课文是“西红柿炒鸡蛋”，

里面有一个生词“好看”，课文中还有一个词语“好吃”。我们教学时就将人的五官功能引导学生说出来，并在黑板上列出来：

眼睛——看

鼻子——闻

耳朵——听

嘴巴——吃

然后从“好看”开始解释，即眼睛看了以后感觉好、漂亮就是好看，然后引导学生说出鼻子闻了感觉好、耳朵听了感觉好、嘴巴吃了感觉好都是什么词，然后在黑板上进一步列出第三列来：

眼睛——看——好看

鼻子——闻——好闻

耳朵——听——好听

嘴巴——吃——好吃

这样，学生很快就掌握了“好+看、闻、听、吃”组成的4个状中结构的词语。

二、附加式构词词汇的教学

一般地，我们容易忽略汉语附式词汇的教学，因为大家都认为汉语的特点之一就是形态缺乏，表现在词汇上就是构形形态和构词形态都不发达。而且认为汉语词缀构词的数量远不如复合式构词词汇多，但实际上这类词正是留学生容易犯错的。

我们先来看下面几例关于留学生使用词缀构词产生的错误：

(1)“祥子是一个拉车员。他年轻的时候，他的父母去世了，…。”

(2)“…三太太梅珊是个从前的演戏歌手。”

(3)“我来中国的时候我发现了自行车是中国人的运输者。”

产生这样的错误，很大一部分原因在于留学生对汉语的词缀没有深入的认识，不能从意义和搭配等方面把握词缀的特征，因而难以理解加缀词的附加意义。汉语的词缀具有独特的复杂性，词缀本身残留的语义特征可以使加缀词带有某种色彩，而且缀与缀之间残留的语义特征和所能够搭配的词根各自不同，这些都是留学生所不了解的，以致在使用中产生偏误。而目前汉语学习的工具书及教材也还未能有效地解决由此导致的使用偏误问题。如果能够通过讲解源义与缀义的关系来解释为什么某一词缀可以同特定的词根搭配以及加缀词带有的附属意义等问题，就会使学生对词缀有感性的认识，从而帮助他们掌握词缀和派生词。

此外，如果留学生既能够掌握单个的加缀词的词义，又能够掌握这一类词的构词规律，那么他们就可以类推地掌握生词，从而可以事半功倍地学习汉语。我们从这一点出发，希望教学中能够对留学生学习汉语派生词中的表人名词有所帮助。目前虽然已经有了一定数量的从对外汉语教学角度编纂的汉语学习教材及工具书，但是大部分的讲解都是从语法的角度进行的。语法是对语言现象进行集中概括后得到的具有抽象性的法则，对于还不能完全掌握汉语的留学生来说，单从语法入手理解汉语中的某些现象很吃力。以派生词的讲解为例，如果只告诉学生某一词缀能够与哪种语法类别（如名、动、形）的词根搭配，构成的派生词属于哪种语法类别等，恐怕会因为太抽象而使学生难以把握。我们以词缀（类词缀）的残留意义为突破口，不仅能解决留学生因不能把握表人名词的附加意义或表人名词后缀（类后缀）的构词规律而导致的词缀混用或错误地类推构词等问题，还希望能够在学生积累词汇的过程中能起到正面的帮助作用。我们就以表人后缀“员”“家”为例。

（一）表人后缀“员”“家”的意义分类

汉语中通过表人后缀“员”“家”构成的词语还不少。

（1）表人后缀“员”的意义

词典中表人的“~员”共有74个，合并意义上有上下位关系的词（如“委员”和“政治委员”合并，“指导员”和“政治指导员”合并)，最后得到66个，加上词典外的4个，共计70个。和“员”搭配的词素以动词性的和名词性的为主。其中和动词性词素搭配的词有47个，和名词性词素搭配的词有19个。由“员”构成的表人名词按照意义可以分为两大类：

第一类是表集合概念，如“指战员”“兵员”“教职员”等，这些词含有的都是集合概念，不能用“一个”来修饰。

第二类是表个体概念，根据具体的意义又可以分为两类：

A 表示“成员”义，如“党员”“教员”“社员”“会员”“委员”等，强调这些人作为集体的组成部分。

B 表示某人，如“司令员”“司号员”“潜水员”“售货员”“承审员”“演员”“船员”等，这一组词里的“员”作为构成表人名词的一个语素，在建国初期构词能力突增，当时很多“~员”所从事的工作跟集体或公家有关，如“炊事员”是炊事班里的厨师，“理发员”在国营理发店工作。这些词稍含有尊敬义，如我国在几十年前曾有“八大员”的美称（理发员、邮递员、售货员、驾驶员、炊事员、话务员、乘务员、售票员）。另外，称呼某人“~员”时忽略其地位高下尊卑，如军队里等级最高的司令员和最低的战斗员都可以用“员”来指称。

(2) 表人后缀“家”的意义

词典中由“家”构成的表人名词共有37个，合并意义上有上下位关系的词（如“专家”和“土专家”合并，“资本家”和“农业资本家”合并等)，还剩33个，另收集了词典以外的词12个，共计45个。按照加缀词的意义进行分类，得到以下几类：

第一类词表示经营某种行业并以此为生的人，所以和“家”搭配的是“店”“酒”“渔”“船”这类可以表示行业的语素。

第二类词表示在某一领域掌握了专门的知识或从事专门活动并具有一定影响力的人。和“家”搭配的语素又可以分为三类——形容词性的、名词性的和动词性的。和形容词性语素或形容词搭配的“～家”是泛称，没有明确表明精通哪种知识。和名词性语素或名词搭配的“～家”主要指在某一领域有专门知识的人或有影响的人。和动词性语素或动词搭配的“～家”主要指的是从事某一活动并有一定影响的人，多数含有褒义。少数词里的“家”采用了讽刺的用法而使整个词具有讽刺意义，如“空想家”“野心家”等。该组词里的“家”在构词时具有类化的作用，表示某类人，隐含有“有专门知识或有影响”义，意义上发生了一定程度的虚化，构词位置只能固定在后面，所以是类后缀。

第三类词是由本身表示人的名词和“家”构成的，表示属于那类人的人，整个词的意义可以由前面的词承担，如“女人家”就是“女人”，“孩子家”就是“孩子”，“家”在意义上是羡余成分，构词位置固定，是公认的后缀。

第四类词表示的是具有某种身份的一方或人，如果表示一方，“家”则隐含有“单位”义。如“买家”和“卖家”。

第五类只有一个词“管家”，虽然该词表示人，但是不同于以上五组，是一个动宾结构的名词，类似的还有“司机”“编辑”等。“家”在这里并不是表示人的，而是表示“家庭、家务、家产”的意义。

（二）表人后缀“员”“家”的教学

我们在具体教学中可以根据课文中的生词和学生学过的词语，进行及时的讲解和归纳，比如学生学过“服务员”，又学“售票员”时，我们就可以按照“员”的词缀保留意义进行感性的讲解，然后抓住其主要构词规律，引导学生说出其他“～员”的构词，如“快递员、通讯员、演员、官员”等，这样一方面能帮助学生加深记忆和理解，另一方面也能扩大其词汇量。表人后缀“家”的教学也类似，而且我们建议将“员”“家”的后缀构词教学放在一起，分别讲解其规律，引导学生用构词法造出新词后，对二者同为表人后缀的构词规律差异进行比较分析。

第四章　基于实践的国际汉语教材话题及相关词汇的国别化研究案例

第一节　国际汉语教材话题及词汇国别化研究的必要性

关于汉语教材的研究不少，根据李泉（2002）的统计，从20世纪80年代到21世纪初的20年间，有三百五十多篇关于汉语教材的论文。但专门针对海外汉语教材的研究较少，究其原因，一是海外汉语教材五花八门，难以调查统计，二是对外汉语研究界以前研究的背景只是汉语作为第二语言的教学，而非汉语国际传播的背景，关注的重点主要是国内的汉语教材。关于海外汉语教材的研究，有一些理论原则性的研究，如赵金铭先生提出“为适应海外的教学环境，汉语教材首先应该区域化、类型化；其次则应该多样化、多元化；再次还应该本土化、个性化”。[①] 总的来说，国内外学者对海外某一区域或国家使用的汉语教材研究得还不够，国内见到的主要是对日本和美国本土汉语教材的研究，但仍然不是教材研究的主流，国内编写在海外使用的教材研究也少见，我们见到较早的是徐家祯（1997）《从海外使用者的角度评论大陆编写的初级汉语课本》，但该文也只是从内容和形式的五个方面指出存在的问题，缺乏详细的统计数据，至于对海外教材词汇做国别

---

① 赵金铭：《教学环境与汉语教材》《世界汉语教学》，2009年第2期。

化专门研究的则更是少见。国内厦门大学苏新春教授所做的对外汉语教材词汇检测和研究成果主要基于国内编写和应用的对外汉语教材。近年海外教材词汇研究虽然受到关注，但只见两篇相关硕士论文，似乎其重要性还未引起专家学者的足够重视。

众所周知，汉语国际推广已经是中国的国家战略，汉语教材是汉语国际推广的重要组成部分。目前，汉语教学日益受到世界各国的重视，需求也在不断扩大，但是各国汉语教学受到教材短缺和不适应等问题的困扰。在 2010 年 12 月闭幕的第一次全国孔子学院工作会议上，教育部部长袁贵仁表示，2011 年将启动实施国际汉语教材工程，力争用 3 到 5 年时间，基本实现凡是开设汉语课的国家都有适用的汉语教材。可见，开发“本土化”和“适用性”的汉语教材已经得到“非常”的重视。这项工作已经启动，近年汉办也在这方面做了很多工作、取得了不少成绩，首先是有一批经典汉语教材被译成不同语种，其次是在教学资源开发和建设上，做了一套能让教师自主选材编写使用的《国际汉语教材编写指南》，这让不同地区和国家的汉语教师能方便地选材组合成临时教材以满足针对性教学的需要，但比较费时，学生也不易获得成册的学习资料。

因此，编写区域化国别化汉语教材仍是促进国际汉语教学的一个重要途径，而开发和编写适用的教材，必须先做好基础工作。比如适应不同区域和国情，汉语语音、词汇和语法点的选择和编排都应该有所不同，并且这些不同必须以科学的调查研究作为依据。不同教材汉语语法知识的选取不可能有很大差异，因此，区域化国别化的海外汉语教材差异主要反映在词汇上。当前，在急需适合各国使用的国别化海外教材的形势下，适合各国使用的国别化海外教材词汇调查研究也就显得非常重要。

一、海外汉语教材中的话题及词汇问题

关于国际汉语教材在海外不适应的问题，抱怨的声音比解决

的声音大。当前，海外汉语教材中的词汇问题归结起来主要包括以下几大类：一是与内容相关的问题，即教材中词汇的选择和出现顺序缺乏“本土化”的观念，表现为教材的话题及相关词汇未能较好地与当地社会实际生活联系起来；二是生词层次性的问题，即生词不分难易和层次，笼统列出，较少考虑到学生的心理、兴趣和需要，而且生词的难易度未能较好地契合学习者汉语水平的实际；三是生词注释问题，许多教材的课后生词，只给出对应的英文或其他中介语翻译，容易让学生造成误解和迷惑；四是与教学时制相关的问题，如生词的练习设计和安排不能与当地教学实际情况衔接起来，不能适应学生学习的特点和教学时数的安排。

二、海外国际汉语教材词汇问题的解决之道——调查分析

针对以上的种种问题，我们认为当前应做的事情为：对全球某区域和国家比较受欢迎的汉语教材（包括海外本土教材和非本土教材）词汇进行调查研究，主要是对其词汇的选取编排等做些调查研究，分析其优点和不足，为进一步开发适合该国家和地区的汉语教材提供一些支持。

我们要重点调查和关注海外教材中的两对矛盾如何统一：（一）字词量与课文内容之矛盾：从学生学习的心理来看，学生普遍有着畏难情绪，因此设计教材时，在生字词的控制上做到了少，必然导致课文内容浅显无趣。究竟要否控制或如何控制这些生字词呢？比如在美国，暨大教材《中文》3 年教材的生字是 944 个，人教社教材是 650 个，而斯坦福的 3 年中文教材的生字是 1344 个，各教材相应的词汇当然也要多，但有海外从事汉语教学的老师就表示更欣赏斯坦福的中文教材。地区不同似乎情况也不一样，在东南亚的泰国，李毓贤（2014）的研究表明，《中文》在“本土化”的六种教材中词汇量是最大的，但相较而言，这种量并不适合。（二）教材内容贴近外国人的生活和思维习惯与传播中华文化

之矛盾：国家汉办副主任、孔子学院总部副总干事赵国成说过："中外文化差异和话语体系问题，也使得我们的教材不能贴近外国人的生活习惯和思维。"（中国广播网北京 2010 年 12 月 11 日消息）有人主张把主流国家的小学教材直接翻译成中文教材，而汉语国际推广之所以成为国家战略，不仅是把汉语作为一种语言工具，更是作为一种中华文化传播的载体，如果仅仅教学生用汉语来讨论他们自己国家的文化和生活，就只是将汉语作为一种纯语言工具来对待，起不到文化传播和交流的作用，就与汉语国际推广的国家战略相去甚远。

要解决这两个矛盾，就应以开设汉语课的国家和区域为范围，选取该在国家和区域有影响的本土和非本土汉语教材，建立由这些教材生词构成的数据库，从词语总量、共有词语、特有词语、出现频率、分布情况、词语练习设计等方面进行统计和比较分析，采取定量统计和定性分析相结合的研究方法，对现有本土教材和非本土教材的词汇做比较，分析各套教材词汇编写上的特点及规律，对各套教材词汇内容的优劣做出恰当评价。

在汉语推广情况不够好的地方，一定存在"教师、教材、教法"的"三教"问题，因此更需要我们着手调查和分析。

调查的第一步，我们认为应该是对教材中的话题和相关词汇进行统计分析。因为教材词汇的调查不应是一盘散沙式的，可以以话题为线，将不同教材中相同话题下的词汇和不同词汇做一个描写和分析。以汉语国际推广情况一般的国家——缅甸的汉语教材为例，我们可以先调查确定在缅甸较有影响的几套"非本土"教材，然后将这些教材的"话题——词汇"建成语料库，即在不同话题下，从总词数中排除重复词数、专有名词数、同一词语的不同义项词语数等，建立不同教材的总有效话题词库，然后对不同教材的话题和选词状况进行对比分析：分析这些话题在各套教材中的分布，分析这些话题下的词语在各套教材中出现的次数及其在《汉语水平词汇与汉字等级大纲》和《国际汉语教学通用教学大纲》所附的《常用汉语 1500 高频词语表》中的分布情况，重点分析各套教材共有话题及其共有词汇的特点。最后，因为缅甸还没有本土汉语教材，我们可搜集为数不多的类似“本土教材”的自编教材，找出其独有话题和词语，分析其特点和前面“非本土教材”话题和词汇的互补性。

第二步，我们应该在教材词汇调查的基础上，做实际学习需求的调查和访谈。因为现有的教材，特别是中级以上的教材，很多是根据推测和预估来确定话题，然后在相应的等级大纲中选择词汇编写文本，少有结合学习需求的调查来编写的。因此，首先，应设计出有针对性的“国别话题——词汇调查问卷”，对不同的学习对象的“话题——词汇”学习需求进行调查分析。调查问卷的设计应该包括以下几个部分：（一）不同阶段词汇量的调查，比如初级阶段海外汉语教材到底多少才是合适的？这主要依据根据海外各国汉语学习者具体学习的情况（如学制、学习时间等）和学习目的来定，因此在设计时可以给出选择答案。（二）话题和词汇内容的调查，不同年龄阶段、不同国家和地区的学习者感兴趣的话题会不同，因此这个部分，我们可以设计一个半开放式的表格，列出不同话题和不同话题下的 5 个高频词语，让学生选择和补充。其次，我们应该找尽可能多的当地学生和教师做一下访谈，进一步了解本土教学和教材需要注意的地方，尤其是话题和词汇在选择和编排方面，有哪些需求和意见。

第三步，在上述教材话题词汇统计和对学习者学习需求两方面调查的基础上，初步制定适合各地区或各国海外汉语教材教学需要的“话题——词汇表”。根据语言表达需要和学习者的需求，海外汉语教材词汇表中的词语大致可以分成三类：A. 常用基本词汇，这应该包括汉语的基本常用词汇和该国常用词汇；B. 适应话题和课文内容的非常用词，这应该有一部分汉语超纲词；C. 适用本国交际生活需要的特有词汇，包括一些超纲词语和新汉译词语。这些非常用词和特有词语的选择应该从以下几个方面考虑：一是反映汉语和中华文化特点的词语；二是适应当地学生心理和学习习惯、文化背景和实际交际需要的词语。

总的来说，对海外汉语教材词汇的调查分析，重点是对现有教材选编词汇优缺点的调查分析以及学习者需求的分析，难点则在制定出一个相对科学合理的教材词汇表，确定“本土化”和“中国化”词汇的科学比例，解决汉语推广中与教材本土化相矛盾的两个问题，使汉语推广的宗旨和教材本土化和谐统一起来。

三、海外国际汉语教材词汇的选编原则

当所有的调查分析结束后，海外汉语教材词汇的难点是选择和编写，这里就相关选编原则也略谈一二。

（1）选词原则

我们认为面向海外的汉语教材，其词汇的选取原则，应该兼顾“本土化”和“中国化”，兼顾科学性和趣味性，以汉语言常用基本词汇为主，以满足各国不同文化和现实生活交际需要的特有本土词语为辅，按照合适的比例选取这两类词汇。在“中国化”的词汇中，除了常用基本词语，还应当注意选取新词语和反映现当代中国文化的词语。下文我们将以东南亚三国的汉语教材为例，根据定量统计分析的结果，力图确定既能反映汉语和中国文化特色的词语，又能反映当地文化和满足其现实生活交际需要的词语。

比如初级教材汉语生词来源包括两个方面：一是从现有大纲及词典中选取，如《汉语国际教育用词汇等级大纲》中的一二三级词汇、《HSK 词汇等级大纲》中的甲级和乙级词等；二是从当地学生的需求调查中来，这一部分词语是体现区域差异的词语。

而总的来说，我们选词的原则是：贴近生活、新鲜生动，易学易用。

根据“本土化”“适用性”的需要和汉语文化传播的需要，面向海外的汉语教材词汇，应该在每个区域或国家制定一个相对权威的等级词汇表，以指导不同教材（如适合大、中、小学生及汉语爱好者等不同教学对象的教材，适合短、中、长期不同学习时段的教材）的编写。

（2）编写原则

词汇进入教材主要是出现在课文词表和课文中，而课文生词表，在学习者眼中是很重要的。海外汉语教材的词汇，应分层次分要求编排，将教材中出现的生词分成学生必须掌握和非必须掌握的两类，而不是像国内汉语教材笼统列入课后词表中，给学生造成不必要的心理负担。每篇课文中出现的必须掌握的生词，量可以少一些，非必须掌握的、作为扩充词汇的阅读词，量则可以多一些。这样的词汇编排，既可以突出重点，减轻学生的畏难情绪，又可以兼顾课文的信息量，满足学生学习趣味性的要求，同样也有利于学生积极自主扩大汉语词汇量。而课文内容中，则要注重生词的复现率。

词汇进入教材的另一个重要地方就是课后的练习，汉语词汇练习的设计应注意有效性。词汇练习的编排，应突出须掌握词汇的练习，突出学生学习心理和习惯特点，注意练习的多样化和有效性，而不是统一不变的两三种题型。

五、国别化国际汉语教材及“话题”

对外汉语教学中“国别化”指“针对不同的国家而实行不同差别的汉语的教学与研究”，这一概念是甘瑞媛在 2004 年提出的。卢伟认为，“所谓的国别化教材，就是针对教学对象所在国家的语言、社会、文化等背景及学习者的认知方式、心理特征而编写出的实用性教材。国别化差异影响语言教学项目的选择和安排、语言教学过程的设计、语言教学方式的使用等。”① 因此，国别化汉语教材可以说是针对不同国家背景的学习者而编写的汉语教材。

而关于国别化汉语教材的特征，李禄兴、王瑞（2008）认为可以分为表层特征和深层特征。表层特征包括书籍的装帧和设计、注释语言为本国语言、课文可以适当涉及本国的一些情况，比如本国的事物、现象、文化等，符合所在国汉语学习者的实际情况。深层特征则应该深入挖掘所在国学习者的特点、所在国的语言与目的语之间的异同并加强对比，减少负迁移。

关于“话题”，《现代汉语词典》的定义为：“话题，指谈话的中心。”按照汲传波（2005）对汉语话题的分类，话题主要分大小范畴的话题，大话题下面又可以分为不同的小话题。比如在谈论“个人信息”这一大话题时，可以包括个人职业、个人兴趣爱好、联系方式、生日、家庭住址等多个小话题。

话题的归类可能会因个人理解不同而有所偏差，而且一篇课文可能会涉及多个话题，因此，本章下文对各教材话题的分类一方面根据课文标题进行归类，另一方面也结合了具体的课文内容进行划分。

下面，我们主要围绕教材话题及其相关词汇对东南亚三国进行了调查研究。

第二节　国际汉语教材话题及词汇选择的国别化研究案例（一）——以泰国为例

汉语在泰国传播是非常成功的。借助泰国本土研究生和泰国

① 卢伟：《关于对外汉语教材研发的几个问题的思考》《海外华文教育》，2009 年第 2 期。

志愿者的辅助调查，这里我们对泰国汉语教材的话题及其词汇做了初步的调查研究和分析。

一、泰国高中汉语教材的话题及相关词汇统计与分析

泰国高中的教材多为《体验汉语》学生用书（高中泰语版），该系列用书一共有 6 册，针对零起点泰国高中生编写。下面我们对该系列教材中的话题及词汇进行了分类统计分析。

（一）《体验汉语》中的话题分析

我们对照《国际汉语教学通用课程大纲》中的汉语教学话题表，将《体验汉语》泰语版教材（第 1–6 册）的话题结合标题和内容分成以下各类详见表 4–1。

表 4–1　《体验汉语》的话题

课文标题	话题归类
第一册	
问候	社会交往
名字	个人信息
同学	学校生活
学习用品	学校生活
家庭	个人信息
我的家	家庭生活
个人物品	日常生活
动物	植物与动物
朋友	社会交往
名人	娱乐休闲、情感与态度
第二册	
食品	日常生活
服装	日常生活
时间	日常生活、旅游与交通

续表

课文标题	话题归类
日期	日常生活
日常生活	日常生活
周末	日常生活
运动	身心健康、娱乐休闲
健康	身心健康
位置	旅游与交通
城市	日常生活、旅游与交通
国家	社会交往
愿望	计划与未来
第三册	
体育馆怎么去?	旅游与交通
你喜欢哪门课?	情感与态度
你认识他吗?	社会交往
你的唐装真好看	情感与态度
王爷爷的狗	家庭生活
运动前做做热身	身心健康
我的电脑死机了	社会交往
网络购物	日常生活
今天我请客	社会交往
有趣的节日	节日活动
世纪的新职业	日常生活
我有一个梦想	计划与未来
第四册	
快乐假期	旅游与交通
一起去“刷街”	社会交往
我想跟她交个朋友	社会交往
一个好建议	社会交往
有创意的生日礼物	情感与态度

续表

课文标题	话题归类
幸运食品	身心健康
电影明星	娱乐休闲、感情与态度
背包客	日常生活
怎么又堵车了	感情与态度、日常生活
小英雄	计划与未来
我不是塑料袋	全球与环境
我们是平等的	价值观念
第五册	
加入我们吧！	社会交往
朋友	社会交往
北京的早晨	自然景观
蚁球漂流	植物与动物
身体语言	社会交往
自相矛盾	教育
丝绸之路	语言与文化
美丽的西藏	旅游与交通、自然景观
科技让梦想成真	科学与技术
网络与阅读习惯	日常生活
有趣的制作	科学与技术
爱与国界	社会交往
第六册	
战胜命运的孩子	价值观念
世界冠军的四颗星	价值观念
有趣的谐音	语言与文化
开往大草原的列车	旅游与交通
动物的第六感	植物与动物
你了解自己吗	身心健康
中国画家作品展览	文化与艺术
渴望读书的“大眼睛”	计划与未来

续表

课文标题	话题归类
一场雪崩带来的思考	自然景观
今天你“减碳”了吗？	全球与环境
环游世界的冰激凌	政治、历史与地理
奇思妙想话未来	科学与技术

（二）《体验汉语》教材词汇分类的统计分析

这套教材是针对泰国学生而编写的，所以这里要分析的词汇主要是在教材里出现的关于泰国的各个方面，比如泰国的文化、饮食、旅游胜地、节日、明星、乐器等等。这样就能分析出《体验汉语》学生用书高中的教材，这6册书对泰国高中生的针对性有多大。

通过检索统计，我们发现《体验汉语》泰语版教材里关于泰国的各种词汇有如下九个方面：

1. 泰国的动物：大象
2. 泰国的人物：帕拉敦、托尼．贾、川．立派
3. 泰国的节日：宋干节、泰国国庆节、守夏节、泼水节
4. 泰国的旅游胜地：普吉岛、耀华力、玉佛寺
5. 泰国的府：曼谷、清迈、芭堤雅
6. 泰国的季节：夏季、雨季、凉季
7. 泰国的运动：藤球、泰拳
8. 泰国的饮食：酸辣汤
9. 泰国的文化：合十礼

从下面的表格可以看到，《体验汉语》泰语版教材的第一册和第二册出现的关于泰国的词汇比较多，第三至第六册出现关于泰国的词汇就很少了。虽然说教材的第一册和第二册出现的关于泰国的词汇比较多，但还是不全面，数量也不多，饮食方面的词汇只有一个“酸辣汤”。第三至第六册出现关于泰国的词汇比较少的

原因，就是因为学习的内容大部分是关于中国的文化，可能是为了让学生更多地了解中国各方面的情况。

表 4-2 《体验汉语》中的泰国词汇

《体验汉语》学生用书高中泰语版出现有关泰国的词汇	
第一册	大象、帕拉敦、泰拳、托尼．贾
第二册	藤球、宋干节、泰语、守夏节、泰国国庆节、耀华力、普吉岛、清迈、泰国、曼谷、芭堤雅、夏季、雨季、凉季
第三册	酸辣汤、泼水节
第四册	川．立派、玉佛寺
第五册	-
第六册	合十礼

二、泰国高中学生汉语学习的话题及相关词汇兴趣的调查

利用实习，我们的泰国研究生对泰国罗勇中学的学生进行了调查，该校使用的教材是《体验汉语》。该校学生每周有 6-8 课时汉语课，对他们进行调查，结果较能代表泰国高中生的话题及词汇选择倾向。

调查问卷①的第一部分第 8 题“你和朋友聊天时，最喜欢谈论的话题主要是什么？（可多选）”，本题是为了了解罗勇府的高中生喜欢谈论的话题是什么，了解他们的兴趣点，调查显示：192 人中，有 156 人选择 A. 休闲娱乐（电影、电视、音乐、购物、时装）；127 人选择 B. 社会交往（朋友、同学、异性之间的关系）；80 人选择 C. 学校生活（学习成绩、学校活动等）；61 人选择 D. 天气情况（热、闷、晴）；25 人选择 E. 罗勇府的文化（传统故事、节日）；63 人选择 F. 罗勇府特色产品（饮食、物品）；调查

① 调查问卷见附录 1，本章东南亚三国教材话题及相关词汇的调查问卷均以此模板为基础，具体调查中，根据各国调查对象做了微调。

中有 5 人选择 G. 其他，且补充的话题有：笑话、化妆、国家新闻和体育运动。

通过调查分析可以看出，泰国高中生最喜欢谈论的话题居前五位的依次是休闲娱乐、社会交往、学校生活、罗勇府的特色产品、天气情况等，而最少谈论的话题是罗勇府的文化。学生们更喜欢谈论罗勇府的特色产品，是因为在日常生活中接触得比较多。

调查罗勇中学的高中生“你使用《体验汉语》教材学习汉语的过程中，喜欢教材中的哪些话题及词汇？（最多可选 6 项）”，这题的选项我们一共设有 10 项：A. 关于个人信息的；B. 关于日常生活的；C. 关于家庭生活的；D. 关于学校生活的；E. 关于娱乐休闲的；F. 关于自然与科学的；G. 关于交通与旅游的；H. 关于社会交往的；I. 关于中国文化的；J. 其他。

调查结果显示：192 人中，有 141 人喜欢关于个人信息的话题，162 人喜欢关于日常生活的话题，92 人喜欢关于家庭生活的话题，75 人喜欢关于学校生活的话题，110 人喜欢关于娱乐休闲的话题，26 人喜欢关于自然与科学的话题，125 人喜欢关于交通与旅游的话题，110 人喜欢关于社会交往的话题，92 人喜欢关于中国文化的话题，这题没有学生提到选项以外的话题。

由此得出，泰国罗勇高中生喜欢的话题居前八位的依次是日常生活、个人信息、交通与旅游、娱乐休闲、社会交往、家庭生活、中国文化和学校生活，学生们最少选择的选项就是关于自然与科学的话题。

为了调查高中生对《体验汉语》泰语版教材的需求，我们设计了“你希望在《体验汉语》教材中还应该增加哪些有关泰国的话题及词汇？（最多可选 6 项）”一题，该题的选项也设计了 10 个选项，它们是 A. 关于泰国的饮食；B. 关于泰国的特色物品；C. 关于泰国的旅游胜地；D. 关于泰国的节日；E. 关于泰国的传统故事；F. 关于泰国的诗歌；G. 关于泰国的经济；H. 关于泰国的天气；I. 关于泰国的方言；J. 其他。

调查结果显示：192 人中，有 165 人选择 A，88 人选择 B，167 人选择 C，135 人选择 D，81 人选择 E，33 人选择 F，47 人选择 G，85 人选择 H，74 人选择 I，有 2 人选择 J，并补充了“泰国的文化、泰国人的日常生活习惯”。

从上面的数据看，罗勇中学的高中生最希望在《体验汉语》泰语版教材中增加的话题居前九位的依次是：关于泰国的旅游胜地、泰国的饮食、泰国的节日、泰国的特色物品、泰国的天气、泰国的传统故事、泰国的方言、泰国的经济以及泰国的诗歌。

泰国有许多旅游胜地，所以该题的调查结果显示，高中生最希望教材增加关于泰国旅游胜地的话题及词汇。其次，高中生希望增加的话题及词汇是关于泰国的饮食，可能是因为在《体验汉语》泰语版教材里出现的话题及词汇大部分是中国和其他国家的饮食，比如：三明治、汉堡包、牛排和宫保鸡丁等等，而教材里关于饮食的话题及词汇比较少，关于泰国的饮食就更少了，甚至没有出现，所以在课堂上需要教师增加教材外的泰国饮食的词汇。

三、对词汇问卷结果的统计分析

为了进一步了解罗勇中学高中生的汉语学习需求，我们设计了第四部分的调查问卷。该问卷是词汇统计，问卷的内容是从第三部分的问卷里引用了一些话题，然后从话题里仔细地列出词汇类。问卷的命题是“你在日常交际中，有哪些泰语词语在泰国经常使用，但在汉语课上或教材里没有学过？（填写的语言可以是汉语或泰语，多于 5 个的可在下面补充）”，问卷按话题一共分为七个部分：第一部分日常生活；第二部分学校生活；第三部分家庭生活；第四部分娱乐休闲、交通与旅游；第五部分宗教；第六部分自然与科学；第七部分国家信息。回收有效问卷一共有 186 份。

通过该问卷我们能了解到学生在课外经常用到和感兴趣的具

体词汇，结果显示，他们补充的词汇在《体验汉语》泰语版教材里很少出现，甚至没有出现。有一些学生写了罗勇府的特色产品、旅游胜地、重要人物的节日和活动，比如：榴梿干儿、沙美岛、顺通铺节和水牛赛跑等等，若泰国人一提到这些词汇，就会想起罗勇府，因为罗勇府的榴梿干儿是最好吃最出名的，罗勇府的沙美岛也特别漂亮，罗勇府的顺通铺是泰国古代最有才的诗人之一，水牛赛跑是罗勇府举办的重要活动。

收回调查问卷做统计之后，我们发现学生补充的泰国常用词汇有很多，特别是第一部分日常生活的词汇，如泰国菜、甜点、小吃、服装、场所、生意等。根据调查结果，我们按高一、高二和高三的年级分别进行统计，以对比各个年级所补充词汇的异同。限于篇幅，我们把学生最感兴趣的前六个词汇标出并写在表格里，其实学生们在问卷里填写的词汇非常丰富，特别是关于泰国菜和甜点，几乎有四十多个，但共同提出的人数不多，所以这里只选出补充相同词汇数量较多的前六个词汇。具体情况见下表4-3，4-4，4-5。

表4-3　高中一年级的调查结果表

次序 / 话题	词语1	词语2	词语3	词语4	词语5	词语6
第一部分：日常生活						
泰国菜	冬阴功汤	木瓜沙拉	金边粉	香草辣椒肉末	泰式炒饭	绿咖喱
甜点、小吃	姜汁甜汤	饼干儿	椰汁彩丝冰	甜蛋丝	可丽饼	泰式千层糕
蔬菜	大白菜	空心菜	卷心菜	芥蓝	芫荽	红萝卜
饮料	果汁	绿茶	可乐	碳酸红水	泰式冰茶	热巧克力
服装	连衣裙	牛仔吊带	背心	外套	内裤	袜子
购物	优惠	买一送一	零食	洗衣粉	搞活动	篮子
场所	超市	寺庙	公园	海滩	酒店	警察局
季节/气候	热	寒冷	雨季	春天	秋天	下雪
生意、企业	商人	托运人员	兵士	警察	工厂人员	飞行员

续表

次序 话题	词语 1	词语 2	词语 3	词语 4	词语 5	词语 6
第二部分：学校生活						
学科课程	数学课	英语课	科学课	社会课	体育课	泰语课
学习用品	钢笔	铅笔	橡皮	尺子	涂改液	圆规
学习教材	数学书	泰语书	科学书	英语书	模拟考试书	社会学书
学校活动	运动会	学术日	教师节	母亲节	父亲节	夏令营
学校设备	风扇	空调	摄像头	摄影机	灯	桌子
第三部分：家庭生活						
家务琐事	打扫	擦地	洗碗	洗衣服	晒衣服	擦灰尘
家庭成员称谓	姑姑	阿姨	祖母	表弟	表哥	叔叔
家庭活动	旅行	吃饭	看电影	看电视	煮饭	躺着
房屋住宅	公寓	酒店	房屋	宿舍	度假村	别墅
第四部分：娱乐休闲、交通与旅						
音乐、乐器	鼓	吉他	钢琴	电吉他	提琴	笛子
当代舞蹈	盖舞	说唱	B-Boy	社交舞	芭蕾舞	泰国舞
绘画	水彩画	蜡笔	木色	粉笔	画人	毛笔
旅游景点	高山	海洋	瀑布	因他暖山	岛	浦卡东山
旅游城市	罗勇府	曼谷	清迈府	普吉府	巴黎	北京
旅游国家	日本	韩国	美国	英国	法国	泰国
交通工具	交通灯	交通锥	交通标志	斑马线	人行道	灯柱
体育运动	跑步	篮球	游泳	足球	羽毛球	排球
节日	泼水节	水灯节	新年	春节	圣诞节	守夏节
第五部分：宗教						
宗教教育	戒偷盗	戒饮酒	戒杀生	戒妄言	做好人	五戒
宗教活动	巡烛礼	斋僧	念经	听佛法	打坐	行善
和尚用品	袈裟	僧钵	僧伽利	僧袋	香火	蜡烛
宗教的节日	万佛节	佛诞节	守夏节	佛教三保节	解夏节	佛日
第六部分：自然与科学						

续表

次序 话题	词语 1	词语 2	词语 3	词语 4	词语 5	词语 6
动物	狗	鸟	猫	狮子	熊	青蛙
植物	草	仙人掌	玫瑰树	橡胶树	香蕉树	海藻
第七部分：国家信息						
新闻	娱乐新闻	政治新闻	犯罪新闻	体育新闻	经济新闻	谋杀新闻
国家政治	民主主义	共产主义	君主专制政体	选举	宪法	社会主义

表 4-4 高中二年级的调查结果表

次序 话题	词语 1	词语 2	词语 3	词语 4	词语 5	词语 6
第一部分：日常生活						
泰国菜	木瓜沙拉	香草辣椒肉末	冬阴功汤	金边粉	绿咖喱	煎蛋
甜点、小吃	姜汁甜汤	泰式千层糕	蛋黄球	甜蛋丝	冰雪	椰汁彩丝冰
蔬菜	空心菜	大白菜	芫荽	芥蓝	香菜	红萝卜
饮料	果汁	可乐	碳酸红水	绿茶	矿泉水	热巧克力
服装	泰国服装	内裤	背心	吊带裙	连衣裙	泳衣
购物	买一送一	零食	优惠	篮子	搞活动	免费
场所	超市	公园	游乐园	水超市	海滩	岛
季节/气候	台风	冰雹	潮湿	热	干燥	下雨
生意、企业	商人	清洁员	律师	大老板	保安	总理
第二部分：学校生活						
学科课程	数学课	社会课	职业生涯课	科学课	体育课	泰语课
学习用品	圆珠笔	尺子	荧光笔	液体胶	剪刀	白板笔
学习教材	GAT 书	PAT 书	模拟考试书	O-NET 书	练习本	科学书
学校活动	运动会	学术日	教师节	汉语节	退休日	2 手超市
学校设备	摄影机	摄像头	空调	风扇	扬声器	白板
第三部分：家庭生活						

续表

次序 话题	词语 1	词语 2	词语 3	词语 4	词语 5	词语 6
家务琐事	打扫	擦地	洗碗	洗衣服	擦灰尘	煮饭
家庭成员称谓	祖母	重孙子	阿姨	嫂子	姐夫	表弟
家庭活动	旅行	吃饭	煮饭	看电影	洗车	野餐
房屋住宅	公寓	房屋	酒店	度假村	宿舍	小屋
第四部分：娱乐休闲、交通与旅						
音乐、乐器	吉他	鼓	钢琴	提琴	木琴	笛子
当代舞蹈	B-Boy	盖舞	社交舞	说唱	芭蕾舞	泰国舞
绘画	像真图	水彩画	阴影	粉笔	画自然	木色
旅游景点	高山	海洋	森林	瀑布	因他暖山	沙美岛
旅游城市	黎府	清迈府	罗勇府	芭堤雅	普吉府	甲米府
旅游国家	印度	德国	瑞士	美国	法国	埃及
交通工具	交通灯	交通标志	斑马线	交通锥	假警察	灯柱
体育运动	持球	垒球	篮球	瑜伽	体操	举重
节日	泼水节	水灯节	吃斋	中秋节	守夏节	火球节
第五部分：宗教						
宗教教育	戒妄言	戒杀生	五戒	戒饮酒	戒偷盗	四谛
宗教活动	斋僧	念经	拜佛	巡烛礼	打坐	听佛法
和尚用品	袈裟	僧钵	僧袋	僧伽利	白线绳	蜡烛
宗教的节日	万佛节	佛诞节	佛教三保节	守夏节	解夏节	佛日
第六部分：自然与科学						
动物	河马	蛇	狗	长颈鹿	熊	狮子
植物	松树	酸豆树	仙人掌	菩提树	玫瑰树	兰花
第七部分：国家信息						
新闻	娱乐新闻	体育新闻	政治新闻	经济新闻	犯罪新闻	国外新闻
国家政治	民主主义	共产主义	君主专制政体	专政	选举	君主制

表 4-5 高中三年级的调查结果表

话题 \ 次序	词语 1	词语 2	词语 3	词语 4	词语 5	词语 6
第一部分：日常生活						
泰国菜	木瓜沙拉	冬阴功汤	香草辣椒肉末	绿咖喱	金边粉	酸辣清汤
甜点、小吃	甜蛋丝	姜汁甜汤	泰式千层糕	椰汁彩丝冰	冰雪	蛋黄球
蔬菜	空心菜	芫荽	大白菜	卷包菜	芥蓝	红萝卜
饮料	果汁	泰式奶茶	绿茶	矿泉水	可乐	碳酸红水
服装	内裤	内衣	T 恤	牛仔裤	背心	泰国服装
购物	特价	买一送一	卫生巾	洗衣粉	包包	化妆品
场所	寺庙	酒吧	大学	岛	水超市	瀑布
季节/气候	热	台风	寒冷	大雪	下雨	干燥
生意、企业	商人	私人企业	托运员工	工厂员工	剪发师	大老板
第二部分：学校生活						
学科课程	泰语课	社会课	宗教课	科学课	农业科学课	指导课
学习用品	铅笔	圆珠笔	橡皮	荧光笔	尺子	白板笔
学习教材	科学书	泰诗书	GAT 书	PAT 书	练习本	数学书
学校活动	运动会	学术日	教师节	母亲节	退休日	2 手超市
学校设备	摄像头	摄影机	空调	扬声器	风扇	灯
第三部分：家庭生活						
家务琐事	打扫	擦地	洗碗	洗衣服	给植物浇水	洗车
家庭成员称谓	祖母	重孙子	姑姑	阿姨	叔叔	表哥
家庭活动	旅行	吃饭	看电视	看电影	聊天	躺着
房屋住宅	公寓	房屋	酒店	小屋	城堡	度假村
第四部分：娱乐休闲、交通与旅						
音乐、乐器	鼓	木琴	碰钟	扬琴	吉他	拉琴
当代舞蹈	盖舞	社交舞	说唱	B-Boy	芭蕾舞	泰国舞
绘画	画自然	水彩画	像真图	粉笔	油画	话卡通

续表

次序 话题	词语 1	词语 2	词语 3	词语 4	词语 5	词语 6
旅游景点	高山	海洋	海雾	瀑布	岛	森林
旅游城市	罗勇府	清迈府	普吉府	芭堤雅	曼谷	巴黎
旅游国家	日本	美国	法国	韩国	英国	德国
交通工具	交通灯	交通锥	斑马线	交通标志	灯柱	人行道
体育运动	跑步	羽毛球	远跳	足球	瑜伽	滚球
节日	水牛赛跑	水灯节	火球节	泼水节	求雨节	吃斋
第五部分：宗教						
宗教教育	四谛	五戒	做好人	善有善报 恶有恶报	圣经	做善
宗教活动	斋僧	巡烛礼	念经	行善	打坐	祈祷
和尚用品	袈裟	僧钵	僧伽利	僧袋	香火	蜡烛
宗教的节日	万佛节	佛诞节	守夏节	佛教三保节	解夏节	佛日
第六部分：自然与科学						
动物	西牛	水牛	狗	长颈鹿	猫	河马
植物	松树	草	酸豆树	海带	赤素馨花	榕树
第七部分：国家信息						
新闻	娱乐新闻	犯罪新闻	政治新闻	体育新闻	皇家新闻	谋杀新闻
国家政治	民主主义	共产主义	专政	君主制	君主专制 政体	选举

由上表，我们对泰国高中学生需求的话题及相关词汇都有了一定的了解，希望对编写或修订泰国的汉语教材有一定的参考价值。

第三节 国际汉语教材话题及词汇选择的国别化研究案例（二）——以缅甸为例①

缅甸与中国相邻，近年来，越来越多的华人华侨以及非华商缅甸人开始加入汉语的学习队伍。然而，他们目前使用的教材是否合适，哪些汉语教学话题是能够引起学生兴趣的，各类话题下又该收入哪些相关词汇呢？

对缅甸国际汉语词汇教学话题及词汇选择的调查，我们以在缅甸影响非常大的福庆学校为例，对其学习者我们初步分为成年人和未成年人。缅甸福庆学校正规小学初级班使用的教材，包括北京华文学院编，暨南大学出版社出版的《汉语》小学版 1-12 册，以及速成小学初级班（成人）使用的北京语言大学出版的《新实用汉语课本》1-3 册。

一、缅甸初级汉语教材的话题及相关词汇统计与分析

我们根据《国际汉语教学通用大纲》汉语教学话题表（见附录 1）中汉语教学话题的分类，对缅甸福庆孔子学院成年及未成年两类初级汉语学习群体进行了调查，对所使用的教材进行了话题的归类。因为一个大话题还可以包括很多小的话题，而小话题过于琐碎，所以这里主要依大范畴的话题进行归类。

（一）《汉语》1-12 册话题统计与分析

根据《国际汉语教学通用大纲》汉语教学话题表，我们对缅甸福庆孔子学院未成年人（这里界定为 18 岁以下）初级汉语水平

① 关于缅甸汉语教材话题及词汇的调查，此处我们主要是呈现结果，更多具体详细的数据可参见《缅甸汉语教材话题及相关词汇调查报告》（冯凌宇等，中央民族大学出版社，2017）。

学习者使用的小学版《汉语》进行了话题及话题内容的分析，教材共涉及大话题 19 个，话题内容 82 个。这 19 个话题包括：个人信息、情感与态度、社会交往、日常生活、学校生活、家庭生活、文化交际、节日活动、旅游与交通、语言与文化、文学与艺术、政治历史与地理、科学与技术、全球与环境、计划与未来、热门话题、教育、植物与动物、自然景观。此外，根据笔者对课文的理解，新增加一个类别：当代中国。与《国际汉语教学通用大纲》汉语教学话题表的 22 个大话题相比较，《汉语》没有涉及身心健康、习俗与忌讳和价值观念三个话题。

教材统计结果表明，在小学版《汉语》1–12 册教材中，文学与艺术，学校生活，日常生活，政治历史与地理，个人信息，科学与技术，自然景观所占比例较大，从高到低依次是文学与艺术>学校生活>日常生活>政治历史与地理>个人信息>科学与技术>自然景观。

（二）《新实用汉语课本》1–3 册话题统计与分析

根据《国际汉语教学通用大纲》汉语教学话题表，缅甸福庆孔子学院成年人（这里界定为 18 岁以上）初级汉语水平学习者使用的《新实用汉语课本》共涉及大话题 15 个，话题内容 29 个，这 15 个话题包括：个人信息，社会交往，日常生活，学校生活，文化交际，节日活动，旅游与交通，语言与文化，文学与艺术，政治、历史与地理，全球与环境，自然景观，价值观念，习俗与忌讳，当代中国等。与《国际汉语教学通用大纲》汉语教学话题表的 22 个大话题相比较，《新实用汉语课本》1–3 册教材中没有涉及情感与态度、家庭生活、身心健康、科学与技术、计划与未来、热门话题、教育、植物与动物等八类话题。

教材统计结果表明，在《新实用汉语课本》1–3 册中，社会交往，日常生活，习俗与忌讳，个人信息，旅游与交通所占比例较大，由高到低依次是社会交往>日常生活>习俗与忌讳>个人信息

>旅游与交通。

通过对两套教材的话题及内容统计与分析，我们认为在教材话题分布以及话题难易度的分布上，《新实用汉语课本》的话题分布比《汉语》的话题分布更合理。

二、对缅甸学习者话题词汇的调查与统计

前面对缅甸福庆学校未成年人及成年人初级汉语学习者使用的两部教材进行了话题的统计与分析，然而学生是否真的对教材中的话题感兴趣，或者他们是否有感兴趣的补充话题，还需要做进一步的调查研究。对此，笔者设计了调查问卷，对缅甸福庆学校初级汉语水平学习者感兴趣的话题及相关词汇做了调查与研究。

（一）调查问卷的设计及实施

调查问卷主要分为四个部分。第一部分为基本信息类，共有 8 个小题。1-7 小题主要调查学习者的年龄，学习汉语时间长短，是否喜欢汉语，学习汉语的原因，通过这些来了解学生的汉语水平和学习汉语的动机。第 8 题，设置为“和朋友聊天时，最喜欢讨论的话题”是为了了解缅甸学生在真实生活中比较感兴趣的话题，因为教材的编排和学生在真实生活中经常讨论的话题肯定是存在差异的。

问卷第二部分共 8 题。9-12 题主要是调查学生对我们研究的两套教材中涉及的大话题的感兴趣程度。13-16 题主要是为了调查缅甸学生对于教材是否增加关于缅甸和中国话题以及世界性话题的态度。

问卷第三部分是关于词汇的统计与调查，“在日常交际中，哪些词语在缅甸经常使用，但在汉语课上你没有学过?”主要是为了调查缅甸初级汉语学习者在实际生活中使用的高频词汇，也可以说是一些关于缅甸的国别化词汇。在设计问卷时，我们根据实际的交际情况对大话题进行了一定的删减和调整，主要对日常生活、

学校生活、家庭生活、娱乐休闲、交通旅游以及自然科学进行了统计调查。所以关于词汇的调查并不完善，但希望对话题中关于缅甸的国别化词汇收集起到抛砖引玉的作用。

我们以缅甸福庆学校的正规小学初级班（未成年人）和速成小学初级班（成年人）学生为对象进行了问卷调查，发出问卷200分，收回有效问卷129份，其中未成年人问卷97份，成年人问卷32份。

此次问卷的调查都是在缅甸福庆学校各年级老师的协助下完成的，调查结果比较能够代表缅甸初级汉语学习者的话题选择倾向及话题感兴趣程度。

（二）调查结果及分析

在32份成年人的调查问卷中，有19人属华裔人群，占总数的59%；13人为非华裔，占总数的41%。学习汉语时间为1-2年及2年以上的有24人，占总数的75%，平均学习汉语时间为1-2年。

在未成年人的97份调查问卷中，94人参与了是否为华裔的调查，其中70人属华裔，占总数的74.5%，非华裔人数24人，占总数的25.5%。学习汉语时间大部分为6个月-2年之间，平均学习汉语时间为1-2年。

1. 教学话题的统计分析

关于“和朋友聊天时，最喜欢讨论的话题”一题，是为了考察真实生活中的话题和教材选取的话题是否一致，并得出缅甸成年和未成年人在真实的生活中喜欢聊的一些话题。本题设计了A. 休闲娱乐（电影、电视、音乐、购物、时装）B. 社会交往（朋友、同学、异性之间的关系）C. 学校生活（学习成绩、学校活动等）D. 日常生活的烦恼和计划 E. 家庭生活（家庭活动，家庭成员之间的关系等）F. 交通与旅游 G. 其他等七个选项。选项A“娱乐休闲”在缅甸成年人和未成年人的调查中都占据最大比例，可见在真实生活中“娱乐休闲”是两类人群都经常谈论的话题。

在成年人群体中，位列第二的是 D 选项“日常生活的烦恼和计划”，而未成年人群体中，位列第二的是选项 C “学校生活”。这一调查结果符合两类人群所扮演的社会角色，成年人因为已经进入社会，所以会更多地关注自己的日常生活，而未成年人尚未脱离学校生活，因此会更多地关注自己的学校生活。

对“你希望教材中较多涉及哪些话题?”一题，我们根据对两套教材话题的分析，设计了 12 个选项：A. 关于个人信息的 B. 关于社会交往的 C. 关于日常生活的 D. 关于娱乐休闲的 E. 关于交通与旅游 F. 关于自然与科学 G. 世界性话题（各个国家的人们都比较关心的话题，例如：环保、减肥等）H. 关于中国的话题 I. 关于缅甸的话题（小故事）J. 关于中外差异（中国与别国在语言文化、生活习惯等方面的差异）K. 小故事（如童话故事、中国成语故事等）L. 其他。问卷结果显示，缅甸成年人学习者希望在教材中涉及的前五个话题从高到低排序依次是：B 关于社会交往>C 关于日常生活>G 世界性话题>H 关于中国的话题>K 小故事。而未成年人希望涉及的话题则是 H 关于中国的话题>G 世界性话题>K 小故事>F 关于自然与科学>D 关于娱乐休闲。两类人群希望教材中涉及的话题不太相同，但也有交叉之处，如选项 G 世界性话题、H 关于中国的话题、K 小故事。调查表明，成年人学习者更多地关注社会交往和日常生活，而未成年人学习者更希望学习关于中国和世界性话题以及小故事，也涉及自然科学和娱乐休闲。在调查中，有 3 名成年人学习者在“其他”选项做了补充：关于经济的话题、关于做生意的话题、关于政治的话题。有 4 名未成年人学习者做了以下补充：中国传统舞蹈、各种运动、谜语、中国的游戏。

对“你希望教材中增加关于中国的话题吗?希望增加关于中国的哪些话题?”一题，调查结果显示，缅甸初级汉语学习者，不管是成年人还是未成年人，绝大部分都表示希望在教材中增加关于中国的话题。两类人群较多关注的共同话题有：中国历史、中国传统故事以及中国人的生活习惯。不同之处是，除了三个共同关注的话题，缅甸成年人学习者希望更多地增加“当代中国的政治经济”这一话题，这和成年人的年龄特征比较吻合。而未成年学习者也希望对“中国自然人文景观”这一话题能在教材中有所涉及。

对“你希望教材中增加关于缅甸的话题吗？希望增加缅甸的哪些话题？”一题，调查结果表明，希望在教材中增加关于缅甸话题的人数占绝大部分。缅甸成年人初级汉语学习者希望更多地增加“缅甸人的生活习惯”“当代缅甸政治经济”“缅甸自然人文景观”。缅甸未成年人初级汉语学习者则希望增加“缅甸自然人文景观”“缅甸传统故事”“缅甸传统文化”以及“缅甸历史”。两类人群对教材中有关缅甸话题的选择互相补充，这可能与年龄差异有关。

对“你希望教材中增加关于中外差异的话题吗？希望增加关于中外差异的哪些话题？”一题，调查统计结果显示，“关于中外差异”这一话题，缅甸初级成年人和未成年人汉语学习者对于话题内容的选择比较相似。两类人群选择的“生活习惯差异”和“宗教节日差异”都占据最大比例。

在调查中，有1名成年人学习者在“其他”选项做了补充：国家间的不同交往方式。有3名未成年人学习者做了以下补充：不同国家管理方式的差异；各地区季节不同的原因；不同国家和地区的风景差异。

2. 对缅甸国别化词汇的统计

“在日常交际中，有哪些词语在缅甸经常使用，但在汉语课上没有学过？”一题的设置，主要是为了调查出缅甸学生在日常生活中使用的高频词汇。在此部分的调查中，我们根据实际交际情况在话题表的基础上进行了调整和删减，主要是调查各类大范畴话题下，学生感兴趣或者是与学生实际生活密切相关的话题内容及词汇。

我们对于词汇的调查设计并不完善，但希望能起到抛砖引玉的作用。笔者对收回的129份调查问卷进行了统计，并按照话题归类，列出缅甸学生提出最多的5个词汇，详见下表：

表4–6　缅甸学生常用词汇

话题＼次序	词语1	词语2	词语3	词语4	词语5
第一部分：日常生活					
缅甸菜	咸鱼酱	酸叶菜汤	鱼露	拌茶叶	油焖鸡
主食	米饭	鱼汤米线	粉丝汤	糯米饭	炒米线
甜点、小吃	夫妻饼	手镯饼	缅饼	棕榈糖	糕哼唧瑞
蔬菜	酸叶菜	空心菜	苦瓜	葫芦叶	茄子
饮料	酸奶	酸豆角汁	簸鱼儿	柠檬汁	奶油果汁
衣着	纱笼	缅服	筒裙	隆基	浅棕色土布
购物	讲价	打折	商场	批发	地摊儿
场所	超市	寺庙	游乐场	电影院	厕所
季节/气候	夏天	冬天	打雷	雨季	水灾
爱好	唱歌	看电视	游泳	跳舞	看书
第二部分：学校生活					
学科课程	体育课	道德课	舞蹈课	谋生课	家务课
学习用品	圆珠笔	粉笔	铅笔	钢笔	修正液
学校活动	运动会	踢足球	唱歌比赛	舞蹈比赛	乐对
学校设备	监控器	电风扇	空调	饮水机	日光灯
第三部分：家庭生活					
家务琐事	洗衣服	扫地	做饭	洗碗	换佛花水
家庭成员称谓	爸爸	妈妈	哥哥	姐姐	弟弟
家庭活动	旅游	逛街	看电视	看电影	打扫卫生
房屋住宅	走廊	别院	阁楼	草房	漆房
第四部分：娱乐休闲、交通与旅游					

续表

次序 话题	词语 1	词语 2	词语 3	词语 4	词语 5
音乐	Pop	Rock	R&B	HipHop	铃和竹板
舞蹈	蒲干舞	缅甸双人舞	拉丁舞	现代舞	傀儡舞
绘画	肖像画	风景画	油画	素描	水墨画
旅游景点	曼德勒山	茵莱湖	皇宫	大金塔	太湖
旅游城市	曼德勒	彬乌伦	内比都	仰光	东枝
旅游国家	中国	新加坡	韩国	美国	英国
交通工具	三轮车	摩托车	拖拉机	汽车	自行车
体育运动	藤球	踢足球	羽毛球	篮球	散步
节日	点灯节	泼水节	浴榕树节	特敏呢节	直桑节
宗教活动	僧侣经试	剃度为僧	讲经布道会	抽签布施	佛会
传统故事	缅甸经典故事	十大佛本生故事	龟兔赛跑	一千零一夜	大人国故事
第五部分：自然与科学					
动物	狗	猫	猫头鹰	鸳鸯	兔子
植物	杧果树	榕树	香蕉树	番石榴	紫檀
江河湖海，名山大川	茵莱湖	伊洛瓦底江	亲敦江	锡当江	当伦湖
自然景观	瀑布	石窟	晚霞	蒲干风景	郊区风景

以上调查统计结果显示，大部分词汇都反映了缅甸的国别化，比如在缅甸菜、甜点、衣着、城市等小话题里面的词汇，更多地反映了缅甸的特色。比如在“交通工具”里面，排在前五的是“三轮车、摩托车、拖拉机、汽车、自行车”，这和缅甸的交通还不发达的现状有关。“季节气候”里面的“夏天、冬天、打雷、雨季、水灾”，以及“植物”里面的“杧果树，榕树，香蕉树，番石榴”这些词汇都和缅甸的热带气候特点相关。而“节日”和“宗教活动”里面的词汇，比如“点灯节、泼水节、浴榕树节、特敏呢节、直桑节、僧侣经试、剃度为僧、讲经布道会、抽签布施、

佛会”则更多反映了缅甸是佛教国家这一特点。

当然也有一些“国别化词汇”具有国际化的共性，比如在家庭成员称谓这一话题内容下，“爸爸，妈妈，哥哥，姐姐，弟弟”在多孩国家都应是最常用的称谓词。

让人感到诧异的是在“音乐”这一话题内容里，学生写出最多的是一些西方音乐词汇，比如“Pop、Rock、R&B、HipHop”，而写出关于缅甸传统乐器及音乐词汇，比如“铃和竹板、缅甸编鼓、短鼓、钹、肖”等的人数则很少，可见我们调查的这一人群（大部分是缅甸年轻人）已较多具有国际化的生活趣味了。

第四节 国际汉语教材话题及词汇选择的国别化研究案例（三）——以越南为例

中国是越南的邻居，也是越南最大的经济伙伴，除了英语以外，汉语是越南人选择学习最多的外语，汉语教学在越南已成稳定发展的趋势。高校汉语教学可以说是越南汉语教学的核心，截至 2013 年，全越南开设中文系、中文专业或汉语专业、中国学专业的大学共 44 所。[①] 如此庞大的学习人群是否有合适的汉语教材，他们所使用的汉语教材话题及相关词汇是否符合他们的学习要求？

我们通过调查发现，越南高校汉语教学机构现在使用的汉语教材有康玉华、来恩平编的《汉语会话 301 句》、北京语言大学出版社的对外汉语本科系列教材，包括《汉语教程》《汉语听力教程》《汉语阅读教程》等，马箭飞主编的《汉语口语速成》、陈灼主编的《桥梁：实用汉语中级教程》以及赵金铭主编的《路》等，

---

① 陈灵芝：《汉语国际传播视角下的越南高校汉语教学发展研究》，2018 年，中央民族大学博士论文。

这些教材多为越南高等院校汉语专业、中国学专业和外语中心汉语培训班选用。

虽然越南教育部没有规定各所大学中文专业要使用统一的汉语教科书，但是越南各所大学都普遍使用北语出版或北大出版的汉语教材。而一直使用的、具有代表性的汉语教材是北京语言大学出版社出版的对外汉语本科系列教材。该系列教材是针对对外汉语本科生的汉语系列教材，其指导思想是以语音、语法、汉字等语言要素的教学为基础，通过课堂讲练，逐步提高学生听说读写的言语技能，培养学生用汉语进行社会交际的能力。越南著名学者陈氏清廉已把这套教材翻译成越南语，这表明她对这套教材的认可。如今这套教材不仅是越南各所大学首选使用的教材，还是越南各个汉语补习中心选择使用的教材。我们所调查的两所大学中文专业使用的教材正是该系列教材，虽然该系列教材至今仍占有主流位置，但其中也存在一些不适合越南汉语学习者的因素，比如越南相关的话题少，缺乏与汉语学习者生活工作相关的内容，有些话题脱离现实，缺乏时代性等。

一、越南大学各年级不同课型汉语教材话题的统计与分析

参考由国家汉办/孔子学院总部组织研制的《国际汉语教学通用课程大纲》中的《汉语教学话题及内容建议表》，我们对越南河南国家大学所属外语大学、河内大学这两所大学所使用北京语言大学出版的对外汉语本科系列教材，包括《汉语教程》《汉语听力教程》《汉语阅读教程》进行了话题统计，统计出《越南汉语教材话题表》，具体见下表 4–7。

表 4–7　越南汉语教材话题表

话题	内　容
1. 个人信息	姓名，年龄，国籍，生日，电话，地址，联系方式，工作，学校生活，爱好，相貌，国家，家庭介绍

续表

话题	内　　容
2. 社会交往	打招呼，问候，介绍，感谢，邀请，拒绝，拜访，请求，通知，帮助，沟通，约会，打电话，询问，催促，生气，聚会，建议
3. 日常生活	起居作息，生活必需品，医疗，逛街购物，餐饮，房屋住宅，气候天气，时间日期，问路，外出
4. 学校生活	学科，成绩，作业，活动，师生关系，交朋友
5. 家庭生活	婚姻，家长同子女的沟通与理解，家庭计划，家庭活动，家庭成员
6. 娱乐休闲	电视，音乐，健康生活
7. 交通与旅游	交通工具，方向，紧急情况
8. 自然与科学	宇宙，医学，信息技术，动物
9. 世界性问题	环保，幸福，人与自然，戒烟，减肥，流行文化
10. 关于中国	汉语学习，中国自然人文景观，中国文化，中国饮食，中国家庭，现代文化，中国人物，中国人，中国经济
11. 价值观念	价值观比较，个人与集体，权威与平等，竞争与和谐，思想与行为，道德观念
12. 中外差异	在语言文化，带有文化色彩的颜色和数字，生活习惯，语言文化

（一）各年级不同课型汉语教材话题的统计和分析

1. 三个年级教材话题的概况

我们对越南大学三个年级不同课型使用的汉语教材话题进行了总的统计，得出下面的表。

表 4-8　各年级三套教材的话题统计

	汉语教程 （6 册 72 个子话题）	汉语阅读教程 （3 册 44 个子话题）	汉语听力教程 （3 册 51 个子话题）
1. 个人信息	姓名、国籍、地址、电话（联系方式）、家庭介绍、生日、年龄、学校生活、爱好、相貌、工作-12 个	姓名，国籍，地址，电话，家庭介绍，生日，爱好—7 个	姓名，国籍，地址，工作，学校生活，相貌—6 个

续表

	汉语教程 （6 册 72 个子话题）	汉语阅读教程 （3 册 44 个子话题）	汉语听力教程 （3 册 51 个子话题）
2. 社会交往	打招呼，问候，介绍，感谢，邀请，拒绝，拜访，请求，通知，帮助，沟通，约会，打电话，询问，催促，生气—16 个	打招呼，感谢，请求，询问，约会，打电话，沟通—7 个	请求，询问，打招呼，约会，打电话，沟通，聚会，介绍，帮助，建议—10 个
3. 日常生活	起居作息，生活必需品，医疗，逛街购物，餐饮，房屋住宅，气候天气，时间日期，问路，外出—10	时间日期，餐饮，逛街购物，问路，医疗，房屋住宅，气候天气，起居作息—8 个	餐饮，逛街购物，医疗，气候天气，生活必需品—6 个
4. 学校生活	学科，成绩，作业，活动，师生关系，交朋友—6 个	学校活动，成绩—2 个	学科，学校活动，师生关系—3 个
5. 家庭生活	婚姻，家长同子女的沟通与理解—2 个	家长同子女的沟通与理解—1 个	家长同子女的沟通与理解，家庭计划，家庭活动，婚姻，家庭成员—5 个
6. 娱乐休闲	电视，音乐，健康生活—3 个	音乐，体育健身—2 个	体育健身—1 个
7. 交通与旅游	交通工具，方向，紧急情况—3 个	紧急情况—1 个	交通工具—1 个
8. 自然与科技	宇宙，医学，信息技术—3 个	医学，动物—2 个	信息技术，动物—2 个
9. 世界性话题	环保，幸福，人与自然—3 个	戒烟，环保，减肥—3 个	幸福，环保，婚姻，戒烟，减肥，流行文化—6 个
10. 关于中国	汉语学习，中国自然人文景观，中国文化，中国饮食，中国家庭，现代文化—6 个	汉语学习，中国文化，中国人物，中国人，中国自然人文景观，现代社会，中国家庭，中国饮食，中国经济—9 个	中国自然人文景观，现代社会，中国文化，中国家庭，汉语学习，中国饮食—6 个
11. 价值观念	价值观比较，个人与集体，权威与平等，竞争与和谐，思想与行为，道德观念—6 个	思想与行为—1 个	道德观念，思想与行为，价值观比较，竞争与和谐—4 个

续表

	汉语教程 （6 册 72 个子话题）	汉语阅读教程 （3 册 44 个子话题）	汉语听力教程 （3 册 51 个子话题）
12. 中外差异	在语言文化，带有文化色彩的颜色和数字—2 个	带有文化色彩的颜色和数字—1 个	生活习惯，语言文化—2 个

从上表我们可以看出，综合课里面的小话题是最多的，在 12 个大话题中有 72 个小话题，其次是听力课，在 12 个大话题中有 51 个小话题，阅读课的小话题是最少的，在 12 个大话题中只有 44 个小话题。我们把上面统计的数字用百分比显示则如下表 4-9。

表 4-9 三套教材的话题的比例

	汉语教程	汉语阅读教程	汉语听力教程
1. 个人信息	16.7%	16%	11.8%
2. 社会交往	22.2%	16%	19.6%
3. 日常生活	13.9%	18%	9.8%
4. 学校生活	8.3%	5%	5.9%
5. 家庭生活	2.8%	2%	9.8%
6. 娱乐休闲	4.2%	5%	2.0%
7. 交通与旅游	4.2%	2%	2.0%
8. 自然与科学	4.2%	5%	3.9%
9. 世界性问题	4.2%	7%	11.8%
10. 关于中国	8.3%	20%	11.8%
11. 价值观念	8.3%	2%	7.8%
12. 中外差异	2.8%	2%	3.9%

从上面的图表，我们可以看出在综合课本中，“社会交往”的话题是最多的，占总体话题的 22.2%，阅读课本里的“家庭生活、价值观念、中外差异”和听力课本的“娱乐休闲、交通与旅游”的话题比较少，只占总体的 2%。整体来看，各个话题在不同课型里面的分布情况差别不大，只有阅读课本中关于中国话题分布的

比例较综合课本和听力课本分别高 11.7%和 8.2%。

2. 各年级不同课型汉语教材话题的统计与分析

（1）不同课型初级汉语教材话题的统计和分析

进一步把各年级不同课型汉语教材话题的分布按学生学习汉语的水平分为初级（一年级）、中级（二年级）和高级（三年级），则可以得到下表 4-10。

表 4-10　初级汉语不同课型的教材话题统计

	汉语教程（第一册上、下）	汉语阅读教程（第一册）	汉语听力教程（第一册）
1. 个人信息	姓名、国籍、地址、电话（联系方式）家庭介绍、生日、年龄、学校生活、爱好、相貌、工作-12 个	姓名、国籍、地址、家庭介绍、生日、爱好-7 个	姓名、国籍、地址、工作、学校生活-5 个
2. 社会交往	打招呼、感谢、问候、询问、介绍、请求、约会、打电话、催促、沟通、帮助-11 个	打招呼、感谢、请求、询问、约会、打电话-6 个	请求、询问、打招呼、约会-4 个
3. 日常生活	饮食、逛街购物、生活必需品、起居作息、时间日期、问路、医疗、房屋住宅、气候天气-10 个	时间日期、餐饮、逛街购物、问路、医疗、房屋住宅-6 个	餐饮、逛街购物、时间日期-3 个
4. 学校生活	学科、学校活动、成绩、师生关系、交朋友、作业-6 个	学校活动、成绩-2 个	学科、学校活动-2 个
5. 家庭生活	家庭成员关系、结婚-2 个		
6. 娱乐休闲	电视、音乐-2		体育健身-1 个
7. 交通与旅游	交通工具、紧急情况-2 个		交通工具-1 个
8. 关于中国	中国人文景观、中国饮食-2 个	中国文化-1 个	

从以上统计表中，我们可以看出初级阶段汉语教材话题只有 8 个大话题，包括个人信息、社会交往、日常生活、学校生活、家庭生活、娱乐休闲、交通与旅游和关于中国等话题。个人信息、社会

交往、日常生活和学校生活等4个话题在三类课型中都有分布。

（2）不同课型的中级汉语教材话题统计与分析

我们对中级不同课型汉语教材进行了话题的统计与分析，具体见下面的图表。

表4–11 中级不同课型汉语教材的话题统计

	汉语教程（第二册上、下）	汉语阅读教程（第二册）	汉语听力教程（第二册）
1. 个人信息	相貌—1个		工作，学校生活，相貌—3个
2. 社会交往	感谢，邀请，拒绝，拜访，请求，生气—6个		请求，询问，约会，打电话，沟通，聚会，介绍—7
3. 日常生活	生活必需品，餐饮—2个	房屋住宅，气候天气，起居作息—3个	逛街购物，医疗，气候天气，生活必需品—4个
4. 学校生活	活动—1个	成绩—1个	师生关系—1个
5. 家庭生活	家长同子女的沟通与理解—1个		家长同子女的沟通与理解，家庭计划，家庭活动，婚姻，家庭成员—5个
6. 娱乐休闲		音乐，体育健身—2个	
7. 交通与旅游	方向，紧急情况—2个	紧急情况—1个	交通工具—1个
8. 自然与科技		医学—1个	信息技术—1个
9. 世界性话题		戒烟—1个	幸福，环保，戒烟—3个
10. 关于中国	汉语学习，中国自然人文景观，中国文化，中国家庭，现代文化—5个	汉语学习，中国文化，中国人物，中国人，中国自然人文景观，现代社会—6个	中国自然人文景观，现代社会，中国文化，中国家庭，—4个
11. 价值观念		思想与行为—1个	道德观念，思想与行为，价值观比较—3个

续表

	汉语教程（第二册上、下）	汉语阅读教程（第二册）	汉语听力教程（第二册）
12. 中外差异	带有文化色彩的颜色和数字—1 个	带有文化色彩的颜色和数字—1	

从上表可见，到中级阶段有 12 个大话题在不同课型的教材中出现了，也有少数话题未能在所有课型的教材中出现，比如综合课教材里没有娱乐休闲、自然与科技、世界性话题、价值观念 4 大话题，阅读课本里没有个人信息、社会交往、家庭生活 3 大话题，倒是听力课本里面 12 个大话题都有。

（3）不同课型高级汉语教材话题的统计和分析

表 4-12　高级不同课型汉语教材的话题统计

	汉语教程（第三册上、下）	汉语阅读教程（第三册）	语听力教程（第三册）
1. 个人信息	工作—1 个		工作，学校生活—2 个
2. 社会交往	帮助，沟通—2 个	沟通-1 个	沟通，帮助，建议—3 个
3. 学校生活	师生关系，交朋友—2 个		
4. 家庭生活	家长同子女的沟通与理解-1 个	家长同子女的沟通与理解-1 个	
5. 娱乐休闲	健康生活—1 个		
6. 自然与科技	宇宙，医学，信息技术—3 个	动物—1 个	动物—1 个
7. 世界性话题	环保，幸福，人与自然—3 个	环保，减肥—2 个	幸福，环保，婚姻，戒烟-4 个
8. 关于中国	汉语学习，中国自然人文景观，中国文化，中国家庭—4 个	汉语学习，中国文化，中国人物，中国人，中国自然人文景观，现代社会，中国家庭，中国饮食，中国经济—9 个	中国自然人文景观，现代社会，中国文化，中国家庭，汉语学习，中国饮食—6 个

续表

	汉语教程（第三册上、下）	汉语阅读教程（第三册）	语听力教程（第三册）
9. 价值观念	价值观比较，个人与集体，权威与平等，竞争与和谐，思想与行为，道德观念—6个		思想与行为，价值观比较，竞争与和谐—3个
10. 中外差异		带有文化色彩的颜色和数字-1个	生活习惯，语言文化—2个

高级阶段汉语教材中只出现了10个大话题，没有“日常生活”和“交通与旅游”的话题，在阅读教材里关于中国的话题最多，占60%，其次占比较多的话题是价值观念（26.1%）。主要是因为汉语水平已经让他们能够流利地表达关于日常生活的话题，所以在这个阶段日常生活的话题不太重要了，编写者想要更高的水平上让学生更多了解关于中国的信息，以及对外面的价值观念的评价，因此开始增加世界性问题的话题。

赵金铭先生将话题按使用程度分为三类：最常用（有关日常生活、学习、社交活动的话题）；常用（有关民族传统、观念的话题）；次常用（有关中国国情的话题）①。越南对外汉语本科教材系列里面的话题若按使用程度来看，最常用的话题多出现在初级阶段，到了中高级阶段则多出现常用和次常用的话题。

二、各年级不同课型汉语教材的共选话题及其词汇统计分析

前面我们已经对北京语言大学出版的对外汉语本科系列教材的话题进行了统计，并对这些话题做了分类。下面，我们将进一步对这三套教材的共选话题及其词汇进行统计与分析。

我们先将初级不同课型汉语教材共选话题的词汇统计出来，然后把共选话题的共同词汇与非共同词汇筛选统计出来，以进行

① 赵金铭：《对外汉语教材评估》《语言教学与研究》，1998年第3期。

对比，得到下表4-13。

表4-13　初级不同课型汉语教材共选话题的词汇比较

话题	常用词汇	
1. 个人信息	共同词汇	丈夫，上海，中国，中国人，也，亚洲，什么，今年，他，他们，住，你，你们，做，公司，努力，北京，医生，医院，叫，同学，名字，哥哥，哪个，哪儿，商店，复习，大，大学，头发，女，女朋友，她，妈妈，妹妹，姐姐，姓，学校，学生，学院，小，工作，已经，年，弟弟，律师，德语，您，我，我们，日本，日本人，日语，明年，月，朋友，次，欧洲，汉语，爸爸，生活，男，男朋友，眼睛，经理，美国，美国人，美洲，老师，职员，英国人，英语，认真，说这，这儿，那，那儿，邮局，银行，长，阿拉伯语，非洲，韩国人，韩语，高
	非共同词汇	一定，世界，举行，书，但是，做饭，全，写，准备，到，医学，参加，发音，只，同屋，同班，名，后年，听，哪，唱，国，在，外国，外贸，多，大概，家，容易，就，属，岁，很，快乐，愉快，感到，打算，新，比较，毕业，汉字，没有，照，照片，狗，玩具，班，生日，电脑，看，祝，觉得，认识，语法，读，贵姓，过，阅览室，难，零，高兴
2. 社会交往	共同词汇	不行，但是，兴趣，准备，可以，周末，喜欢，太，好，对不起，年，很，怎么样，想，打算，星期，月，没问题，点，特别，能，行，要，觉得
	非共同词汇	一会儿，一点儿，一起，上，上午，上海，下，下午，不，不客气，中文，中药，也，二，人民币，今天，介绍，他，他们，代表，件，伞，位，你，你们，俩，借，元，先，先生，刚，办，包裹，十，参观，又，号，号码，合适，吗，吧，呢，和，咖啡，团，国家，圆珠笔，在，坐，复习，大门，她，她们，学生，客气，宿舍，寄，小姐，常，常常，开学，开车，当，忙，您，我们，或者，托福，报，报纸，拿，换，接，教，教授，数，旅行，日用品，旧，时候，昨天，是，晚上，替，最近，有，有时候，有点儿，本，查，校长，欢迎，正，火车，现在，瓶，生词，用，电，电影，电视，电话，留学生，白，百，真，知道，等，箱子，练习，经理，美元，翻译，老，老师，考，自行车，色，英镑，茶，药，蓝，衣服，西药，词典，谢谢，资料，走，跟，车，轻，辅导，辆，还，这，邮票，里，重，长，门，问题，顺便，预习，颜色，飞机，香水，香港，马，黑

续表

话题	常用词汇	
3. 日常生活	共同词汇	上班，下班，东边，两，个，件，便宜，公斤，准备，分，北边，医院，午饭，半，南边，卧室，厨房，可乐，周末，咖啡，圣诞节，坏，块，多少，大，头疼，套，好，客厅，小，小姐，差，年，张，很，想，打算，换，操场，斤，旁边，日，早饭，星期，春天，春节，晚饭，月，服务员，服装，桃，梨，椅子，毛，水果，汤，深，点，爬山，瓶，电视，真，睡觉，短，碗，米，红，舒服，苹果，茶，葡萄，衣柜，西瓜，要，贵，起床，运动场，钟，钱，锻炼，长，问，香蕉
	非共同词汇	休息，回答，还
4. 学校生活	共同词汇	上海，不行，但是，作业，努力，医院，半，发音，可以，可是，同学，哥哥，喜欢，声调，复习，大，太，头疼，好，妈妈，学习，对不起，小，小时，工作，工程师，年，很，怎么样，想，感冒，操场，月，朋友，次，汉字，汉语，爸爸，特别，生活，经理，聊天儿，能，舒服，英语，行，要，觉得，认真，跑步，这，这儿，那，那儿，问，非常
	非共同词汇	下，发烧，可能，太极拳，帮助，开始，意思，懂，熟，疼，病，请假，遍
5. 交通与旅游	共同词汇	公共汽车，出租车，半，周末，国家，市，年，住，想，房间，星期，汽车，火车，点，自行车，要，走，附近，飞机

从上表可以看到只有5个大话题——个人信息、社会交往、日常生活、学校生活、交通与旅游是三套教材共选的。在共同话题下，“日常生活”和“学校生活”相关的共同词汇是占多数的，而“社会交往”类的话题下，不同词汇是占主要的。

表4-13中我们列出了共选话题的共同词汇和非共同词汇，非共同词汇中有很多是超纲词汇。对于那些非共同词汇，笔者也把他们统计出来，是因为他们至少在两本教材的词汇表中出现过。

笔者继续往下对中级和高级不同课型的汉语教材共选话题的共同词汇与非共同词汇进行了比较，得到下面的两个表：表4-14和表4-15。

表 4-14　中级不同课型汉语教材共选话题的词汇比较

话题	常用词汇	
1. 个人信息	共同词汇	中国，中国人，也，什么，他，他们，住，你，你们，做，公司，分，北京，半，同学，名字，名片，哪儿，她，妈妈，学校，学生，小时，工作，已经，年，弟弟，您，我，我们，打工，日本，日本人，日语，月，朋友，次，汉语，爸爸，生活，老师，认真，说，这，这儿，那，那儿，长
2. 社会交往	共同词汇	但是，准备，分，劳驾，半，可以，可是，同意，喜欢，圣诞节，太，好，对不起，年，很，怎么样，想，想法，打算，星期，月，点，爱，特别，能，行，要，觉得，非常
	非共同词汇	了，体育馆，广播，受，才
3. 日常生活	共同词汇	下雨，下雪，两，个，件，便宜，冬天，冷，准备，凉，刮风，医院，半，双，周末，四季，坏，块，夏天，多少，大，大风，套，好，季节，小，干燥，年，开药，张，很，想，感冒，打算，挺，换，操场，散步，斤，春天，春节，最，月，条，毛，气候，温度，游泳，点，热，爬山，特别，瓶，瘦，白，白天，真，短，秋天，红，舒服，药，蓝，要，贵，跑步，钟，钱，长，问，非常，风，饮料，黄，黑
	非共同词汇	一切，产生，仔细，刮，吉祥，告诉，周围，商量，圆，地毯，夏，夜，布，幸福，开，开放，得，念，打扫，收，收拾，改，改革，春，水仙，画册，病人，研究，票，秋，结婚，而且，花，采访，铺，雪
4. 学校生活	共同词汇	上次，但是，住，分钟，努力，半，发音，可以，可是，同学，喜欢，声调，大，太，头发，女儿，好，妈妈，妻子，姐姐，学习，安静，小，小时，已经，年，很，怎么样，想，散步，月，朋友，次，汉字，汉语，没问题，清楚，游泳，爬山，爷爷，爸爸，眼睛，经理，聊天儿，能，英语，要，觉得，认真，这，那，那儿，长，问，闻，非常，高，鼻子
	非共同词汇	就，怕

续表

话题	常用词汇	
5. 家庭生活	共同词汇	不行，但是，儿子，准备，可以，可是，同学，喜欢，大，太，女儿，好，妈妈，妻子，姐姐，小，年，弟弟，很，怎么样，想，星期，月，朋友，没问题，爱，爷爷，爸爸，特别，短，能，行，要，觉得，长，戴，病人
6. 娱乐休闲	共同词汇	前，家，汽车，清，游泳，火车，爬山，走，远，问
	非共同词汇	也许，亮，光，变，变化，古典，坏，城市，增加，好听，家庭，年轻，度，建筑，暖和，暖气，歌词，民歌，气温，迷，遥远，钢琴，风
7. 交通与旅游	共同词汇	公共汽车，准备，出发，出租车，前，十字路口，半，历史，司机，后，地铁，孔子，安排，年，往，想，旁边，日，检查，汽车，火车，点，自行车，要，走，起飞，路口，飞机
	非共同词汇	之一，事故，保证，倍，倒，倒霉，单位，引起，戴，拥挤，掉，摔，摔跤，撞，整，油画，游客，眼镜，破，碰，规则，赶快，造成，遵守，钱包，闭
8. 世界性问题	共同词汇	但是，兴趣，办法，反对，可以，可是，喜欢，国家，太，好，很，怎么样，想，特别，能，要，觉得，问，非常
9. 关于中国	共同词汇	世界，中医，中药，中餐，人口，元，医院，历史，国家，圣诞节，学习，家，小姐，小说，市，感冒，戏剧，按摩，操场，方言，杯子，汉字，汉语，清楚，游泳，狂人日记，甜，碗，筷子，绘画，舒服，苦，茶，药，药方，西餐，读，针灸，问，青年，首都，鲁迅，一边，人品，人物，会议，伟大，伸，作品，光，兵马俑，农村，冰雕，副，叔叔，受，可，地位，外地，好听，寒假，对，尝，广播，开，弯腰，影响，性格，情景，打扮，扛，扶，抱，担心，挂，据，搞，搬，摄像机，摆，收，教育，敢，新娘，新郎，服务，松，枣，根，根据，梅，棵，武打，民族，气功，气氛，治，活，滚，热闹，爱情，父母，猜，生气，甲，登，盖，盘，种，空，穿，立即，竹，简单，精彩，糖，系，结，肯定，脚，脸谱，船，艺术，才，装饰，裙子，计划，讲话，越，越来越，路线，过奖，递，遗憾，邀请，重要，铺，长辈，除了，随便，领带，风俗，麦克风

续表

话题	常用词汇	
10. 价值观念	共同词汇	但是，办法，可是，喜欢，太，好，很，怎么样，想，能，要，觉得，非常
11. 中外差异	共同词汇	作业，学习，汉语；*专利，伟大，友谊，吹，土豆，宴会，申请，笨，简单，胡说，规矩，谐音，连，长辈

表 4-15 高级不同课型汉语教材共选话题的词汇比较

话题	常用词汇	
1. 个人信息	共同词汇	中学，也，今年，你们，儿子，公司，北京，同事，同学，复习，大，大学，她，妈妈，妹妹，姓，学生，学院，工作，已经，年，弟弟，我，我们，打工，朋友，爸爸，生活，男，老师，英语，说，这，这儿，家务
2. 社会交往	共同词汇	不行，但是，办法，半，可以，可是，太，好，帮助，帮忙，年，很，想，暑假，月，点，爱，特别，能，要，觉得，钟，非常
3. 学校生活	共同词汇	丈夫，不行，但是，住，分，办法，医院，反对，可以，可是，同学，同意，喜欢，大，太，女儿，好，姐姐，学习，安静，小，小时，已经，年，很，想，抱歉，朋友，望，次，正常，爱，特别，生活，眼睛，能，英语，要，觉得，这，这里，那，那里，长，问，非常，往事
4. 家庭生活	共同词汇	丈夫，中秋节，儿子，分，努力，半，可以，可是，同学，同意，喜欢，夏天，外婆，大，太，女儿，好，妈妈，妹妹，小，年，弟弟，很，性格，想，想法，打算，新年，星期，春节，暑假，月，朋友，点，爱，爸爸，特别，男朋友，眼睛，短，能，行，要，觉得，认为，长，非常，鼻子，涌
5. 自然与科技	共同词汇	世界，卫星，历史，县，国家，地球，够，宇宙，望，森林，植物，河流，游泳，爬山，生产，生病，种，绿化，自转，舒服，草原，药材，金星，问
	非共同词汇	信息，碰撞，太阳，忠诚，恢复

续表

话题	常用词汇	
6. 世界性问题	共同词汇	世界，中药，人口，但是，住院，农业，办法，医院，历史，反对，可以，可是，同意，喜欢，国家，太，好，对不起，山地，平原，很，怎么样，想，想法，意见，手术，打算，望，木材，森林，正常，沙漠，爱，特别，癌症，看法，石油，糖尿病，能，舒服，药，行，要，觉得，认为，针灸，问，青年，非常
	非共同词汇	注意，共同，正直，珍惜，过，逐渐
7. 关于中国	共同词汇	上网，世界，中年，主食，亚洲，人口，元，公元，公元前，出产，刀，切，北京烤鸭，历史，可乐，名词，含有，周，周朝，咖啡，国家，复习，好吃，学习，家，家常菜，小吃，小姐，市，感冒，打包，散步，旅游业，明，明朝，望，朝代，杯子，果汁，正常，汉字，汉语，汤，沙漠，清，清晰，清朝，清楚，湖，点心，烧，烹调，煎，熟，牛排，甜，生，生产，癌症，盐，直辖市，省，碗，秦始皇，笔画，糖尿病，绘画，老年，老舍，聊天儿，聚会，自治区，舒服，苦，茶，蛋白质，读，辣，进出口，问，闻，青年，风味，饮料，饱
	非共同词汇	三轮车，初，判断，勉强，发酵，名牌，地道，孤独，强调，急，泡，流传，渴望，漫步，盖，相貌，着装，简直，至今，记载，贵族，轮，铺，难以，青铜，项目，风情
8. 价值观念	共同词汇	不行，但是，办法，可以，可是，同意，喜欢，太，好，对不起，建议，很，怎么样，想，打算，爱，特别，能，行，要，觉得，认为，非常
	非共同词汇	不得不，冲，县，又，惯，拒绝，既，既然，根本，死，真心，舍不得，超过
9. 中外差异	共同词汇	世界，亚洲，人口，副词，动词，历史，发音，叹词，名词，国家，声调，孔子，学习，家，形容词，方言，汉字，汉语，笔画，美洲，词类

我们对对外汉语本科系列教材各年级不同课型汉语教材共选话题的词汇进行如上表的统计和分析，统计的结果是给编写针对越南大学生汉语教学的编写者提供某个话题必学词汇的一个参考，

即在一定的意义上，这些共同词汇属于某个话题下必不可少的汉语词汇。

三、越南大学生汉语学习的话题及相关词汇的需求调查

借助越南本土研究生的实习，我们对越南国家大学所属外语大学、河内大学三个年级的学生发放了 126 份调查问卷，共收回 124 份有效问卷。

（一）话题需求的调查

问卷第 8 题“你和朋友聊天时，最喜欢谈论的话题主要是”

A. 休闲娱乐（电影、电视、音乐、购物、时装）

B. 社会交往（朋友、同学、异性之间的关系）

C. 学校生活（学习成绩、学校活动等）

D. 日常生活的烦恼和计划

E. 其他＿＿＿＿＿＿＿＿＿＿＿＿＿＿＿＿＿＿

调查问卷统计结果表明，初级水平的一年级学生最喜欢聊的是社会交往（33%），但是到了中高级水平，即二、三年级的学生最喜欢谈论的是休闲娱乐（39.5%，52%）。三年级的大生没人选学校活动。

第 9 题，是调查学生希望在教材中较多涉及哪些话题，调查的选项是如下 12 个大话题：

A. 关于个人信息的　　B. 关于社会交往的

C. 关于日常生活的　　D. 关于学校生活的

E. 关于家庭生活的　　F. 关于娱乐休闲的

G. 关于交通与旅游的　　H. 关于自然与科学的

I. 世界性话题（各个国家的人们都比较关心的话题，例如：环保、减肥等）

J. 关于中国的话题

K. 关于中外差异的（中国与别国在语言文化、生活习惯等方

面的差异）

L. 价值观念

M. 其他________________________

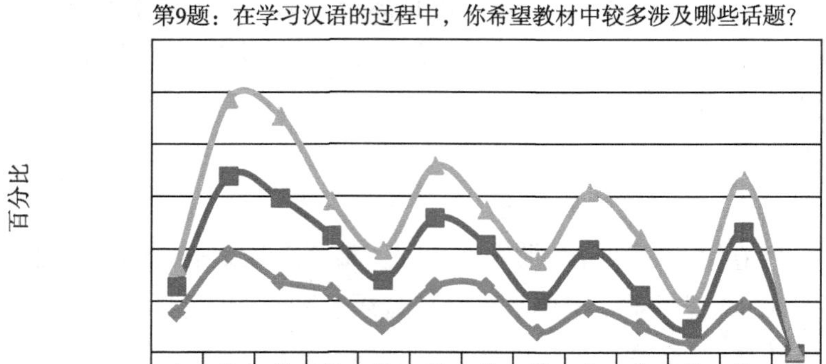

	A	B	C	D	E	F	G	H	I	J	K	L	M
三年级	19%	74%	79%	33%	29%	50%	33%	38%	55%	55%	24%	50%	2%
二年级	26%	74%	79%	53%	44%	65%	40%	30%	56%	30%	14%	70%	0%
一年级	38%	95%	69%	59%	26%	64%	64%	21%	44%	26%	10%	46%	0%

图表 4-1　在学习汉语的过程中，你希望教材中较多涉及哪些话题

从调查结果可以看出，三个年级的学生对话题感兴趣的情况没有太大的区别，他们选择比较多的话题是社会交往（一年级95%）、日常生活（一、二年级79%）、价值观（二年级70%）、娱乐休闲（二年级65%）、世界性问题（二年级56%）、中国话题（55%），选择最少的是中外差异的话题（一年级10%）。为了以后在编写教材时多加一些学生喜欢的话题，我们进一步设计了第10题以确认学生感兴趣的程度，本题进行统计之后，按照学生感兴趣的程度排列（由高到低），结果如下：

一年级：社会交往（35%）>学校生活（20%）>个人信息、交通与旅游、休闲娱乐、世界性问题（都是15%）；二年级：价值观念（35%）>日常生活（40%）>学校活动（15%）>交通与旅游、中国的话题（都是20%）>家庭生活、娱乐休闲（都是20%）

>世界性话题（15%）；三年级：价值观念（60%）>社会交往（20%）>世界性话题（20%）>日常生活（25%）>自然与科学（25%）>娱乐休闲（25%）。

从上面的统计结果我们看到，不同年级对不同话题的感兴趣程度也是不同的。一年级学生主要关心的话题内容是怎么用汉语跟别人交往，他们所关心的是学校的生活，而对其他话题不是很感兴趣。在中高级阶段，学生的汉语水平慢慢提高，并且随着年龄的增长，他们对外面世界的价值观认识越来越多，所以他们比较感兴趣的话题是价值观念。

第 11–14 题是关于中国和越南的话题，中外差异和世界性的话题。调查的结果显示大多数学生都希望教材增加关于中国的话题，三个年级的比例分别是大一 69%，大二 79%，大三 74%。他们选择增加的小话题情况具体见图表 4–2。关于中国的小话题如下：

A. 中国传统文化：京剧等

B. 中国流行文化：流行音乐、电视、明星等

C. 中国人的生活习惯

D. 中国社会状况（宗教信仰、人口问题、教育等）

E. 中国人文自然景观

F. 当代中国政治、经济

G 中国历史

H. 其他________________________

从图表 4–2 我们可以看出，一年级学生想增加的是关于中国的流行文化：流行音乐、电视、明星等（49%），也获得 49%是中国人文自然景观，其次是中国社会状况（宗教信仰、人口问题、教育等）及当代中国经济。总体来说他们所关心是现代的中国。二年级和三年级学生选择感兴趣的话题跟一年级的差别不大，在二年级最喜欢是中国的生活习惯（49%）；三年级最喜欢的是中国的社会状况（55%）。

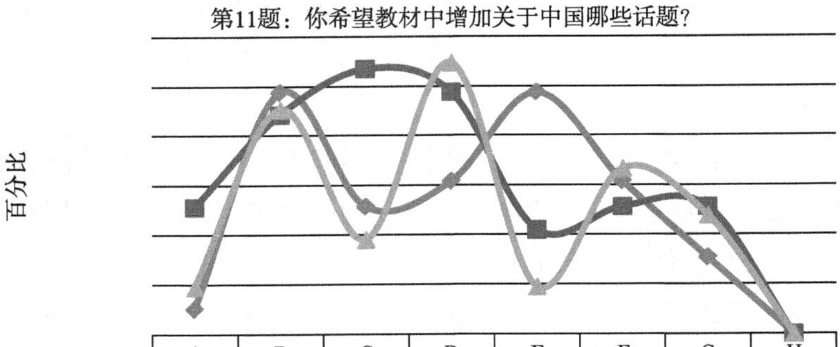

	A	B	C	D	E	F	G	H
一年级	5%	49%	26%	31%	49%	31%	15%	0%
二年级	26%	44%	53%	49%	21%	26%	26%	0%
三年级	10%	45%	19%	55%	10%	33%	24%	0%

图表 4-2　你希望教材中增加关于中国哪些话题

对教材中增加关于越南话题的态度，学生的赞成度很高，一年级和三年级是 100%，二年级是 91%。其中，他们希望增加关于越南的小话题，具体表现为图表 4-3。关于越南的小话题如下：

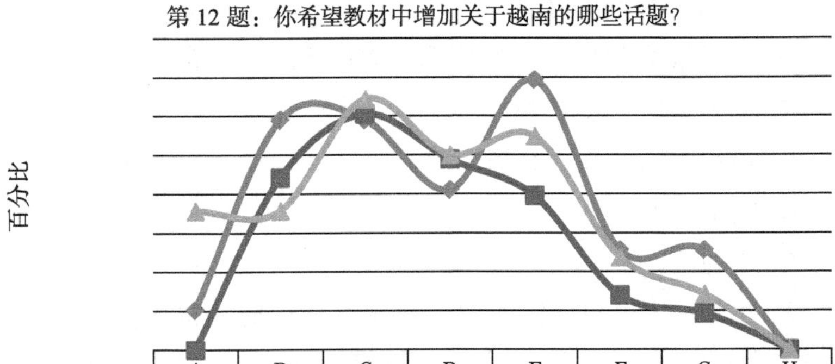

	A	B	C	D	E	F	G	H
一年级	10%	59%	59%	41%	69%	26%	26%	0%
二年级	0%	44%	60%	49%	40%	14%	9%	0%
三年级	36%	36%	64%	50%	55%	24%	14%	0%

图表 4-3　你希望教材中增加关于越南的哪些话题

A. 越南传统文化：传统舞蹈等；B. 越南流行文化：流行音乐、电视、明星等；C. 越南人的生活习惯；D. 越南社会状况（宗教信仰、人口问题、教育等）；E. 越南人文自然景观；F. 当代越南政治、经济；G. 越南历史；H. 其他________________

从上面的图表，我们可以看出，三个年级的话题选择趋势一致，选择越南有关的话题主要集中在越南流行文化：流行音乐、电视、明星等；越南人的生活习惯；越南社会状况、越南人文自然景观。因为现在是一个高速发展的社会，所以学生都想赶上时代的脚步，他们都需要了解一些时代性的话题。

第 13 题是关于中外差异的话题，其中大多数学生也选择愿意增加关于中外差异的话题，但也有反对意见及无所谓的意见。进一步了解话题的内容，则得出如图 4-4 的结果。

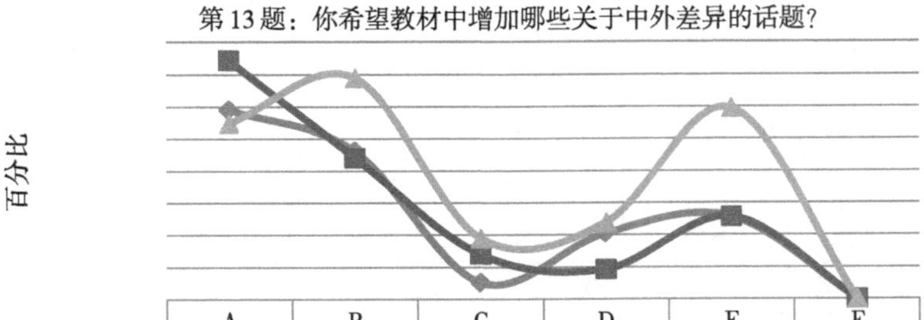

	A	B	C	D	E	F
一年级	59%	46%	5%	21%	26%	0%
二年级	74%	44%	14%	9%	26%	0%
三年级	55%	69%	19%	24%	60%	0%

图表 4-4　你希望教材中增加哪些关于中外差异的话题

通过图表我们可以看到学生选择比较多的选项是 ABE，它们分别是价值观念差异、生活习惯差异和政治经济制度差异三个话题。通过对学生访谈得知，他们选择该选项的原因是，他们以后所从事的工作跟汉语有关，换句话就是，以后要跟中国人打交道，所以他们想了解中国跟越南价值观念的差异、生活习惯的差异以及政治经济制度的差异。

（二）词汇需求调查

我们通过对调查问卷结果进行统计，提取了越南汉语教学国别化的词汇及学生感兴趣的词汇。在词汇调查的范围上，根据实际的交际情况在话题表的基础上进行了删减和调整，主要调查内容是跟学生生活密切相关或是学生感兴趣的小话题。虽然关于词汇的调查并不全面，但希望能见微知著，起到抛砖引玉的作用，探寻学生真正感兴趣的词汇。跟话题有关的国别化词汇都是学生首先想到的，是他们最熟悉的词汇，所以该部分我们未把相关话题的词汇按年级来划分而把出现频率最高的5个词汇统计出来，具体见表4-16。

表4-16 越南国别化词汇调查结果

次序 / 话题	词语1	词语2	词语3	词语4	词语5
第一部分：日常生活					
越南菜	春卷	牛肉河粉	煎薄饼	顺化牛肉檬粉	鱼露
主食	米饭	糯米	河粉	粉丝	米粉
甜点、小吃	柚子粥	越式三明治	波罗蜜酸奶	鸭仔蛋	烤肉米粉
蔬菜	空心菜	高良姜	紫苏	罗望子	树仔菜
饮料	咖啡	牛奶咖啡	柠檬茶	新鲜果汁	茶
衣着	奥黛	衬衫	笠帽	裤子	防晒衣
购物	小卖部	超市	购物中心	路摊	百货大楼
场所	还剑湖	西湖	阮慧公园	巴亭广场	8月革命公园
季节/气候	热带	小雨连绵	潮湿	老挝风	寒冷
第二部分：学校生活					
学科课程	自然课	社会课	经济专业	计算机	外语课
学习用品	圆珠笔	本子	笔记本电脑	书包	词典
学校活动	团会活动	开学典礼	毕业典礼	旅游	艺术表演
学校设备	黑板	空调	摄影机	录音机	电梯

续表

次序 话题	词语 1	词语 2	词语 3	词语 4	词语 5
第三部分：家庭生活					
家务琐事	做饭	买菜	拖地	洗衣服	洗碗
家庭成员称谓	爸爸	妈妈	哥哥	姐姐	弟弟
家庭活动	吃饭	看电视	旅游	婚礼	纪念日
房屋住宅	私人房	公寓	租房	宿舍	楼房
第四部分：娱乐休闲、交通与旅游					
音乐	流行音乐	越南红歌	北部民歌	独弦琴	十六弦筝
旅游景点	下龙湾	沙巴	胡志明陵	顺化古城	芽庄海边
旅游城市	海防	胡志明市	会安	顺化	大叻
旅游国家	泰国	新加坡	马来西亚	中国	韩国
交通工具	摩托车	自行车	汽车	出租车	公共汽车
体育运动	足球	象棋	藤球	跳绳	排球
节日	春节	中秋节	教师节	越南妇女节	国庆节

根据调查结果以及调查过程中对一些学生的随机访谈，我们得出以下几个结论：一是学生所关注的词汇是跟他们生活密切相关或者能吸引他们兴趣的词汇。例如："柠檬茶"是越南近几年来才出现的一种饮料，但是很受越南人的欢迎，所以一提到饮料他们都会想到"柠檬茶"。他们所选择的词汇贴近他们的生活，而且当他们跟中国人聊天时可以用到谈话的话题中。二是这些词汇是具有越南特色的国别词，例如：越南三明治，一般听到三明治人们都以为是西方人的简单餐食，其实它也是具有越南特色的一道食物。三是这些词语可以代表越南大学生的词汇选择，因为从调查结果可以看出他们所提到的词汇不仅仅是河内（两所大学所在的位置）还包括全国性的词汇，例如：关于旅游景点学生选择最多的词汇是下龙湾、沙巴等越南北部城市，顺化古城则在越南中部，芽庄海边在越南南部。

如果说依据教材统计出的共选话题的共选词汇是从一个方面给越南大学教材编写提供汉语常用词汇的参考，那么这部分的调查结果——国别词汇，则试图从另一个方面给针对越南大学生汉语教材编写提供一些国别词汇的参考。

第五章　基于实践的国际汉语词汇教学文化关联研究

第一节　国际汉语词汇与文化

在语言的三要素“语音、词汇、语法”中，词汇应是承载文化信息最直接的载体，汉语也不例外。就汉语学习者而言，大多数的用词差错都来自汉语和其本民族语语汇的文化差异。所以在国际汉语词汇的教学中，不仅要学习汉语词汇的用法和形式，而且还要学习汉语词汇的隐含义。

词汇的意义可分为“表层义”和“隐含义”，所谓“表层义”即“表层所指义”，是词义的核心，也是掌握一个语词的基础，掌握起来相对容易些，而“深层隐含义”对外国留学生来说则要困难得多。当然，在不同的语义学和词汇学著作中，对词汇意义有不同的划分。如英国语言学家杰·N·利奇认为有七种意义，其中理性意义也称概念意义、指称意义，它反映某一事物的本质特性，是词义的核心。而“内涵意义”指“一个词除了它的纯理性意义内容之外，凭借它所指的内容而具有的一种交际价值。”[①] 它反映事物的非本质属性。这里的“理性意义”和“内涵意义”与我们所说“表层义”和“隐含义”相当。

例如“水具有无味的、流动的、凉的”等隐含义，在“旧恩

---

① 杰弗里·利奇：《语义学》，李瑞华、王彤福等译，上海外语教育出版社，1987年版。

如水满身流”句中的“水”即隐含“流动”义。“黄色”除了作为颜色基本的概念意义外，还隐含有“色情的、尊贵”的等内涵意义，该意义是深层的中国文化在词汇表层的反映。

从多义词的意义和义项来看，在不同语言中，基本意义相同的多义词关系错综复杂，其稳固的转义、临时的隐含义以及词的义项数目并不是完全吻合的。本义相同的词，转义不一定相同。

如“猫”，在汉语的某些方言中有“躲藏”的意思，如：“猫冬（躲在家里过冬）”“猫月子（坐月子）”“猫蹲（谓不务正业，赋闲在家）”等。而在英语中，“cat”的本义也是“猫”，但其转义却有“被认为脾气不好的女人（Awoman who is regarded as spiteful.）”、“起锚（Tohoist an anchor to the cathead）”，俚语又有“寻找性伴侣；发生性关系（To look for sexual partners；have an affair or affairs）”的意思。再如冰和玉的概念在汉语和英语里是共同的，但汉语“玉”和“冰”跟英语“ice”和“jade”的词义却各有其民族特色。王昌龄的《芙蓉楼送辛渐》：“洛阳亲友如相问，一片冰心在玉壶。”英国的汉学家老翟理斯 Giles 在《中国文学华录》中译作：Tell them，“an icy heart in vase of jade.”直译为汉语即是：告诉他们，“一颗冰冷的心在玉石的瓶子里。”因为在英语中 ice 和 jade 没有汉语的“冰清玉洁”的隐含义。

从多义词的义项来看，不同语言中词的义域宽窄也不同，体现的文化也不同。

例如傣语［xau］这个词，有“水稻”“米”“饭”等意义，而汉语的［fan51］则只有“饭”的意思，没有“水稻”“米”等意义。再如，汉语中的“羡慕”和“嫉妒”是不同的两个词，而英语中可以作为一个词的两个义位（“envy”兼有“羡慕”和“嫉妒”之意）。

汉语强调人不同于物，许多相同范畴的意义内容因人与动物的区别而使用不同的词语形式。汉语中用“男”“女”表明人的性别，用“雄雌”“公母”“牡牝”表示动物的性别；英语中用male表示“男”“雄”“公”“牡”，用female表示“女”“雌”“母”“牝”。汉语普通话中表示人的“脂肪多”用“胖”，而表示动物的“脂肪多”用“肥”；而英语则同用一个“fat”表示。

当然，汉语词汇隐含的文化意义也不是一成不变的，我们要注意词汇的文化意义的变迁。例如“乌龟”的“龟”，古汉语的隐含伴随义是长寿，所以有取名“龟年”的，但到近代却产生出“妻子不贞”的意义，感情色彩也起了显著的变化。再如紫色，在汉代以前被认为是间色，如《论语·乡党》：“红紫不以为亵服”，朱熹《论语集注》曰：“红紫，间色不正，且近于妇人女子之服也。亵服，私居服也。言此则不以为朝祭之服可知。”《孟子》有：“恶紫，恐其乱朱也”的说法。中国在三千多年前以赤、黄、青、白、黑为五大正色，而认为红、紫乃是间色，包括孔子在内都不喜欢紫色。但是这种观念在汉代以后却发生了变化，汉代的三公九卿分别是“金印紫绶”和“银印青绶”的待遇。

词汇与文化的关联，一方面体现在隐含上，另一方面则体现在承载上，即词汇直接是文化的表达载体，如物质文化词语和交际文化词语等。除去历史、哲学、建筑、政治、物品、性状等物质文化词语，与我们生活息息相关的交际词语更是承载着汉民族文化的精神，如道歉语、拒绝语、称呼语就是典型的交际文化词语。汉语中表示称谓的词语非常丰富，父系、母系、年长、年幼都能影响到称谓的变化，这是由于中国传统文化强调“男女有别，长幼有序”，以称谓区分不同的血缘系统关系，所以有“伯父”“叔父”“姑父”“姨父”“舅父”及“伯母”“婶母”“姑妈”“舅妈”之别；而英吉利民族的文化认为儿子女儿地位平等，认为“伯父”“叔父”“姑父”“姨父”“舅父”处于相同的关系中，所以用一个词“uncle”来表示，而他们的配偶则笼而统之用一个“aunt”称谓。相对而言，英语的“亲属”语义场很是“势单力薄”。在日常交际中，无论是中国人还是外国人，人们打招呼、开始一段对话之前都会用到称谓语，可以说称谓语无处不在，除了亲属称谓，一般称谓也是非常值得研究的。

此外，不同的交际场合也有不同的道歉语，例如：一般使用各种直接道歉语“对不起、不好意思、抱歉”等固定词语，还有使用“原谅”的各种词语形式，如“请（你/您）原谅”“见谅”“谅解”“多包涵”“别见怪”“多多谅解”等，当然，要想正确使用道歉语，还得教给汉语学习者一些基本的使用策略，以及什么情况下应该使用道歉语。

下文我们对留学生拒绝语的使用和表达进行了一个初步的考察。

第二节 国际汉语词汇教学中文化适应性的研究——以留学生拒绝语的话语表达为例

一、拒绝语研究的重要性

越来越多的外国人通过学习汉语了解中国，而汉语拒绝语有其特殊的特点，在实际的交际过程中，只有深入了解汉语的特点，留学生才能达到更好地与中国人交流的目的，也才能更深入地了解中国的文化。而在实际的交际过程中，由于性别差异使语言的使用变得更加复杂。因此，这里我们在汉语拒绝语的性别差异探讨的基础上，通过对中国人和留学生的调查进行比较，探讨留学生使用汉语拒绝的特点以及存在的文化适应不足问题，从而提出相关教学启示及建议。

“拒绝”是日常交际过程中一种重要的语言现象，同样也是非常普遍且敏感的言语行为，是一种具有冲突性的“威胁面子的行为”，主要指的是对他人提供的请求、邀请、建议做出否定反应的言语行为，是语用学研究的重要范畴。人们在实际的日常交际生活过程中，都不可避免地遇到需要拒绝他人的情况，在这个过程中我们应该如何实施拒绝，采取什么样的否定策略才不会使对方因文化差异而感到尴尬，从而达到良好交际的目的呢？

二、拒绝语的类型

任何言语行为都是在会话中完成的，会话双方不同，言语行为也会不同，立足于不同的说话人的角度，我们可以把拒绝语划分为不同的类型。根据说话者的语气、语调和态度，我们从主观的角度把拒绝语分为强烈拒绝和委婉拒绝；根据说话者在使用拒绝语的词汇手段和句法手段，我们从客观的角度把拒绝语分为直接拒绝和间接拒绝。此外，针对汉语语言表达的特殊性，汉语里的拒绝语还包括模糊拒绝和虚假拒绝。

（一）主观角度的分类

颜晓春（2007）从主观角度将拒绝的言语行为分为强烈拒绝和委婉拒绝。

（1）强烈拒绝

强烈拒绝是指说话者在表达拒绝时态度强硬，语气坚决，有时利用反问句，没有修饰的成分，甚至没有任何商量的余地，如："不用了"，"你不会自己拿啊，没长手吗？"但是，强烈拒绝一般都有其使用的特殊语境，一般适用于两个陌生的人，比如两个陌生人在地铁里，A 给 B 让座，B 不需要时，可能会说："谢谢，不用。"如果二者之间并不熟，这样的交谈方式就会损害说话者的面子，很容易造成二者关系的紧张。两个关系非常亲密的人之间也可用强烈拒绝。比如，夫妻两人在家，妻子正在扫地，丈夫让她帮他倒杯水，妻子回答说："自己倒，没看我正忙着呢吗？"这里，妻子不仅直接拒绝丈夫，还用到了反问句来加强语气。此外，强烈拒绝还可能发生在说话者与听话者权利、地位不对等的情况下，比如上下级关系，“领导，我明天有事，想请一天假。”领导说“怎么又请假，不行，再请假就别来上班了。”在这里，听话者采用了强硬的拒绝态度表达对于下级这种懒散态度的不满。

（2）委婉拒绝

委婉拒绝是指说话者在表达自己拒绝的想法和意愿时语气和缓，态度和善，经常使用修饰语或附加成分对拒绝语的表达进行解释。委婉拒绝是考虑到对方面子不受威胁和伤害，从而保持和谐的交际关系。比如，朋友想借你的自行车，“XX，能借用你的自行车吗?”“哎呀，真不巧，我刚好一会儿也要出去”，在这里，听话者就采用了委婉的方式拒绝说话者。

在中国这样一个礼仪之邦，中国人讲求“和为贵”，说话的时候总是会顾及对方的面子，委婉含蓄，大部分时候人们都会采用比较委婉的拒绝方式来拒绝对方。

（二）客观角度的分类

从说话者使用词汇手段和句法手段的不同，即从语言本身的客观角度分析，我们可以将拒绝的言语行为分为直接拒绝和间接拒绝。

（1）直接拒绝

唐玲（2004）认为直接拒绝是通过直接或毫无保留的方式来实现的，在词汇和句法上通过说话者第一人称否定句、否定意愿和否定能力的短语的使用来实现否定意愿的表达。第一人称否定句是“我不…”，否定意愿是“不想…”“不愿…”等等，否定能力是“不能”“…不了”等等。

事实上，在交际的礼貌原则下，直接拒绝的言语经常同时掺杂间接拒绝。比如，当拒绝一种建议行为时，听话者可能会说“不需要，谢谢。”在这里，“不需要”就是一种直接拒绝的方式，只是很多直接拒绝都不是单独出现，一般都是和间接拒绝合在一起使用。比如这个“谢谢”就是采用了间接拒绝的感谢策略。

（2）间接拒绝

间接拒绝是除了直接拒绝以外的拒绝方式，从句法手段和词汇使用上观察，间接拒绝不通过第一人称否定句的使用以及否定意愿、否定能力的表达来实现，间接拒绝主要根据语用原则，从话语信息中推导出说话者拒绝的意图。

比如，有这样一个情景，舞厅里有一位男士想请你跳舞，但是你不想跳，回答如果是这样的，“我怕把你的鞋子踩脏”，这就是一句很明显的间接拒绝语的表达。再比如，有朋友建议你设置一个手机闹钟避免总是迟到，你的回答是“我对闹钟过敏”，这是一句带有调侃意味的话，但通过这句话说话者就可以推导回答者的意思，这也是一种间接拒绝的表达。当然，这些表达方式都体现了汉语的独特特点。

（三）汉语中的特殊类别

所谓特殊的拒绝语类别，我们认为是那些无法从语言表层的用词上明确、清晰读到拒绝意味的表达。模糊语言存在，所以存在模糊拒绝，而虚假拒绝似乎是汉语交际中的特色。

（1）模糊拒绝

汉语中的模糊拒绝是由汉语语言的特殊性决定的，比如汉语中的“我一会儿就来”这个“一会儿”具体是多长时间，是十分钟还是一个小时，听话者从字面意思上根本无法判断，这类话语就具有一定的模糊性。Thomas 认为语用模糊是指说话人在特定的语境或上下文中使用不确定的、模糊的、间接的话语，向听话人表达多种“言外之意”的现象①。

在调查中，模糊拒绝的频率很高，比如：“过段时间有空再去”。“回头给你补上”“再说吧”中“（一）段时间”“回头”“再说吧”具体指的到底是多长时间也没有明确的表示。

① 见何自然：《语用学概论》，湖南教育出版社，1988 年版。

（2）虚假拒绝

虚假拒绝是一种具有浓郁汉文化特色的拒绝方式，根据日常生活中的情景和经验，我们不难发现，并不是所有的拒绝都是发自内心的真诚拒绝，有时候我们表面上拒绝，内心却是接受的，这就是所谓的虚假拒绝。

比如，在汉文化中，有这样的对话情景。

“今天中午在这吃饭吧？”

“不了，怪麻烦的，你们吃吧，我还是回去吃吧。”

“不麻烦，我们今天都做好了，填双筷子的事，有什么麻烦的。”

“那好吧，那我就恭敬不如从命了。”

在这个话轮结构中，说话者和听话者的对话经过“邀请—婉拒—再邀请—接受”的迂回反复后完成。在此过程中，婉拒就是虚假拒绝，汉文化里，这种虚假拒绝非常普遍，尤其在拒绝别人的邀请时，这种虚假拒绝表现得更为明显。

汉文化中虚假拒绝之所以广泛存在，是因为中国传统文化讲究谦卑，有“多为他人考虑、不喜欢麻烦他人”的传统。对于外国留学生来说，习得汉语中的虚假拒绝是很困难的。

三、拒绝语语言层面的分析

在对汉语拒绝语的表层序列模式分析中，我们参照了 Blum Kulka（1984，1988）及 Wood & Kroger（1994）所提供的分析言语行为的三个层面，即中心言语行为（Central Speech Act，简称 CSA），辅助言语行为（Auxiliary Speech Act，简称 ASA）和修饰语（Microunit）。[①]

① 转引自王爱华：《英汉拒绝言语行为表达模式调查》《外语教学与研究》，2001 年第 3 期。

拒绝言语行为一般由多个语义成分（semantic formula）构成，从而形成一个序列，在这个序列中，每个语义成分在实现拒绝言语行为时并非同等重要。（Beebe 1990）其中中心言语行为是实现拒绝言语行为的中心，辅助言语行为用以辅助拒绝言语行为的实现，修饰语用以修饰中心言语行为和辅助言语行为。比如：在“哦，实在不好意思，我已经答应借给其他的人了”这句话中，我们可以把拒绝序列分为三个层次，“我已经答应借给其他人了”是中心言语行为，用以表达拒绝之意，只不过这种表达是一种委婉间接的表达方式，“实在不好意思”是辅助言语行为，通过致歉的形式缓解拒绝之力，“哦”是一种修饰语，在这里表达的是一种遗憾的语气。

Blum Kullka 指出，确定中心言语行为和辅导言语行为应遵循顺序、语境、和功能三个准则。① 在进行数据的分析过程中，由于有时候中心言语行为和辅导言语行为的界限并不是非常明朗，所以我们把第一个含有拒绝意义的言语行为定为中心言语行为。

（1）中心言语行为

中心言语行为在表达拒绝之意中起主导作用，但也有直接和间接之分，前文中我们已经探讨了直接拒绝和间接拒绝的差异，在此不再赘述。

（2）辅助言语行为

辅助言语行为一般出现在中心言语行为之前或之后，用以加重或缓解拒绝之力，对中心言语行为的实施起到辅导的作用，王爱华把辅助言语行为分为以下几种：感谢、肯定的评价、移情和重复，我们参照王爱华的分类，根据汉语拒绝语的特点，将辅助言语行为分为以下三类，分别是：A. 感谢。这种感谢通常是一种

① 转引自王爱华：《英汉拒绝言语行为表达模式调查》《外语教学与研究》，2001年第3期。

礼貌的表现，对他人提出的请求、邀请、建议表示拒绝的同时表达谢意。例如："我在等我的同伴，一会儿怕大家找不到我，谢谢你的邀请。" B. 肯定的评价。在拒绝说话者之前，先对其请求、邀请或建议给予肯定的回答，而后做出拒绝，比如："我真是太想尝尝这道菜了，可是我的肠胃无福消受。" C. 延迟。拒绝之意表达之后，说出一种延迟的话来辅助拒绝之意的表达。例如："我最近在写论文，下次再说吧"，在这里"下次再说吧"，就是一种延迟的表达。

（3）修饰语

在汉语中，修饰语一般包括：称呼语、语气词、副词、句法结构等，用以缓解拒绝之力。

1. 称呼语

称呼语是人们彼此之间相互称呼时所使用的话语，也是使用最广泛的一种修饰语，邹连认为称呼语可以分为亲属称谓、社会称谓和姓名称谓三种。① Blum Kullka 在他们的研究中认为称呼语的主要作用是引起听话人的注意，但通过对调查数据的分析，我们发现，在拒绝言语行为中称呼语并不是起引起听话者注意的功能，而是一种缓解拒绝之意的手段，是为了修补及减少对面子的损害。称呼语一般用于对长辈或是上级的拒绝中。

比如："舅舅，我最近加班挺累的，等过段时间再去看您。"

"妈妈，别担心，我会照顾好自己的。"

2. 语气词

语气词是表示语气的虚词，常用在句尾或是句中停顿处表示某种语气。语气词是汉语独有的一种语言形式。汉语有六大语气词，分别是"的、了、呢、吗、啊、吧"。在汉语拒绝语中语气词的使用起到了非常重要的作用，而男性与女性在拒绝语中语气词

---

① 邹连：《称呼语的分类研究》《现代语文（语言研究版）》，2007 年第 9 期。

的使用上存在很大的差异，这种差异体现了男女说话方式的不同。例如：

“哎呀，没事的，您就别瞎担心了。”

“下次一定要提前和我说嘛。”

“妈妈呀，我早就和朋友约好了，不能爽约啊”

“我可以帮你问问其他人有没有闲置的相机哦。”

在这四句话中，语气词的使用一般都是用于亲密的朋友或亲人之间，表达的是一种亲昵或是撒娇。这种回答一般女孩子用得比较多。

3. 副词

副词的使用是为了加强语气，比如“实在不好意思”“真抱歉，我现在有点累了”“这个款式不太适合我”等中“实在”“真”“太”都加强了委婉拒绝的语气。

4. 句法结构

在拒绝言语行为中，句法结构的使用也可起到加强或减缓拒绝之意的作用，女性一般用疑问句，表达的是商量的语气。比如，“对不起，我还要赶路，告诉你具体的方向，OK 吗？”“我这周和朋友约好了，下周回去吃，好不好？”但是男性一般比较刚直，常用反问句，比如，“自己没有长手啊？”“关我什么事？”。

四、留学生汉语拒绝语的考察

依据拒绝语的相关理论和方法，我们对来华留学生的汉语拒绝语做了考察，并试图从性别角度，比较中外学生使用拒绝语的特点，以了解留学生文化适应的情况，进而得出一些相关的教学建议和启示。

（一）考察方法

我们主要采用了两种方法来考察。一是采用“语篇补全测试”（Discourse completion Test）问卷法进行调查分析。问卷共设置了九个不同的情景，每个情景都对背景进行了详细的描述，让受试者依据情景，根据自己的习惯对他人提出的请求、邀请、建议等进行尽可能详细的拒绝回答。

在内容上，九种情景尽量涉及日常生活交际中同学们所熟悉的场景。在设计问卷时，根据请求、邀请、建议三个不同的会话情景，以社会距离作为控制因素，分别探讨了在请求、邀请、建议三个情景下，男女生在对陌生人、朋友以及亲人时所采用的拒绝策略的不同，从而探讨针对同一情景男女的性别差异。

具体情景及类型详见下表：

表 5-1 调查问卷中涉及的情景、拒绝类型及社会距离统计表

情景	被拒绝的情境类型	社会距离
S1：带路	请求	陌生人
S2：跳舞	邀请	陌生人
S3：试衣服	建议	陌生人
S4：借相机	请求	朋友
S5：参加生日聚会	邀请	朋友
S6：设置闹钟	建议	朋友
S7：回家吃饭	请求	亲人
S8：去家里玩	邀请	亲人
S9：去医院看病	建议	亲人

二是用比较的方法。我们在探讨中国学生拒绝语表达的基础上，对比探讨了留学生用汉语进行拒绝语的表达，也就是通过对比中国学生及留学生使用汉语拒绝语的不同，进而考察留学生使用汉语拒绝语的特点。

（二）研究对象

本文调查的对象是 18–30 岁之间的中外青年学生，男女各 30 人。我们调查的外国留学生来自不同的国家，汉语水平是 HSK3 级及以上，作为参照的中国被调查者则主要是大学生和研究生。选择这样的调查对象是基于以下考虑：因交际者的年龄层次以及受教育水平会对拒绝语的表达会起到一定的影响，而来中国学汉语的留学生的年龄大部分集中在 18～30 岁之间，所以我们选择了年龄相仿的两个群体进行比较是合适的。

本问卷①所调查的对象主要来自中央民族大学中外本科生及研究生，外国学生除了本科一年级至三年级的留学生，还有语言班 6～9 班的学生以及北京国际汉语学院部分留学生，这些留学生一般都具有比较好的汉语听说读写能力。根据有效问卷，这些留学生主要来自印尼、哈萨克斯坦、尼泊尔、泰国，部门来自美国、英国、突尼斯、韩国等国家。学生的 HSK 水平分布见下图：

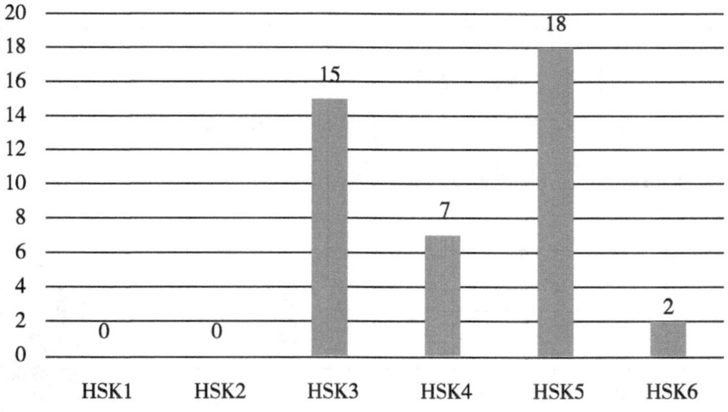

图 5-1　留学生汉语水平分布图

（三）调查实施及结果统计分析

本调查共发放问卷 150 份，收回有效问卷 120 份，其中中国学生 60 份，男女各 30 份，外国留学生 60 份，男女各 30 份，共收回有效问卷中国女生 26 分，男生 24 份，拒绝语表达共 450 条。外国

① 问卷详见附录 2。

学生有效问卷女生 22 份，男生 20 份，拒绝语表达共 378 条。因为我们关注的重点是拒绝言语行为的言语层面，所以这里我们并不将拒绝的中心言语行为策略作为分析重点，也仅从性别差异角度对比分析中外学生的汉语拒绝语使用情况。

1. 中外学生修饰语使用的性别差异

修饰语包括称呼语、语气词、副词和句法结构，下面我们主要对称呼语和语气词的使用进行考察。

（1）中外学生称呼语使用的性别差异

在拒绝语的表达过程中，称呼语的使用主要是拉近彼此之间的距离，增加亲近感，避免接下来的拒绝对说话者造成巨大的伤害。通过对调查问卷所收集的语料进行统计分析，我们发现中外男女生在使用称呼语上存在一定的相同点和差异。其相同点是在对亲人或长辈的拒绝回答中，都会使用称呼语来表示尊敬，这大概是由普遍的社会礼仪及表达习惯所决定的，但是男女在称呼语的使用频率上存在差异，女生更多地使用称呼语进行表达，而男生则使用得较少。详细数据见下图：

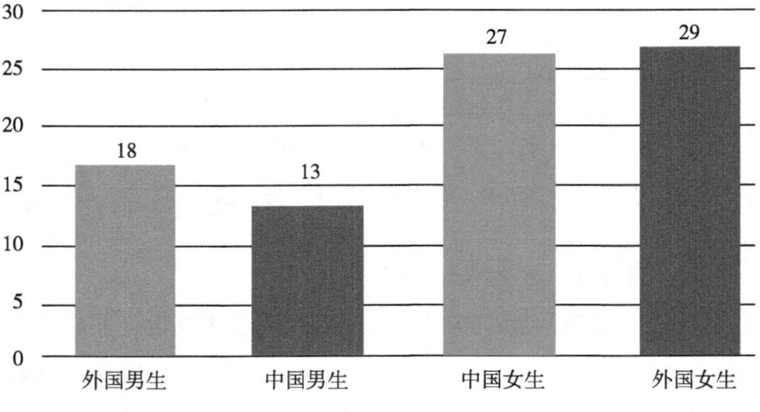

图 5-2　中外学生称呼语使用频次

而留学生在拒绝语的使用过程中，称呼语的使用频次相较中国学生来说还是比较高的，在所收集到的 378 条拒绝语的表达中，女性使用称呼语的使用频次为 29 次，而男性使用称呼语的使用频次为 18 次，而在中国收集到的所有 450 条拒绝语的回答中，男性共使用带有称呼语的回答 13 次，而女性使用了 27 次，可见外国留学生比中国人使用称呼语的频次更高一些。这说明留学生身处异国他乡，希望更礼貌地表达自己的拒绝之意。此外，他们的称呼语表达主要集中在对于亲人的拒绝表达过程中，这一点与中国学生是一样的。

（2）中外学生语气词使用的性别差异

很多语言学家都认为，女性说话的感情色彩要比男性丰富。在语言的表达过程中，女性较之男性更多地使用语气词来增强说话的感染力和表现力。在拒绝语的表达过程中，通过语气词的使用，可以缓解拒绝语的表达力度。通过对收集到的语料数据进行汇总分析，我们发现中国女性使用语气词的频率的确远高于男性。详细数据见下图：

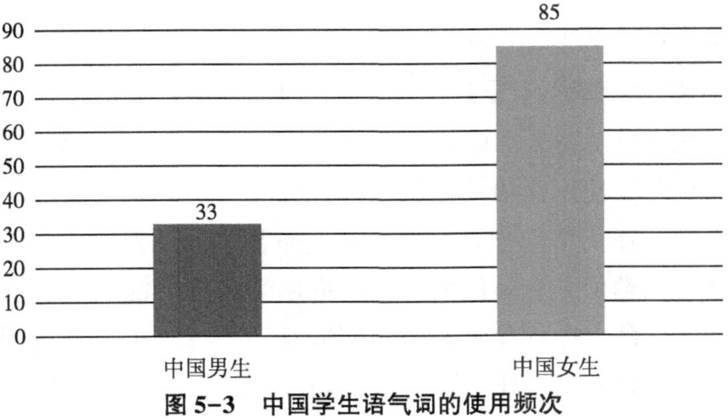

图 5-3　中国学生语气词的使用频次

语气词是汉语一种特殊的语言现象。因而，对于学习汉语的留学生来说，理解和运用语气词能力的高低是其语感能力高低的重要标志。[①] 留学生在汉语学习的过程中，语气词的使用是一大难点。不少已经达到中高级水平的留学生，在使用汉语进行日常交际的过程中，仍然会有语气词的问题。在此次调查中我们也发现留学生使用语气词的频次不高，具体如下图：

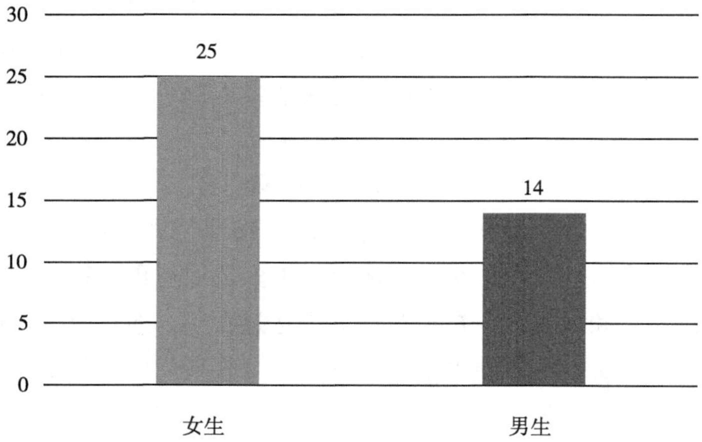

图 5-4 留学生语气词的使用频次

从上图可以发现，在留学生中，不管是男生还是女生，语气词的使用频率都远远低于中国学生，而语气词的使用在拒绝语的表达过程中是一种非常重要的手段，可以使语言的表达更加舒缓。可见，留学生使用汉语语气词的意识和能力都不是很强，这也从侧面反映了在汉语教学过程中，语气词教学是一大难点。在所收集的所有问卷中，有一位来自毛里塔尼亚的男生使用汉语语气词还是比较好的，在所有 9 条拒绝语的回答中，有 7 句回答都用到了语气词，并且使用得都比较准确，这位学生通过了 HSK6 级，且常与中国人一起，特别善于学习。这说明汉语水平的高低及是否常与中国人一起生活交际对留学生的语气词使用能力的高低和意识

① 赵卫、白晓红：《对外汉语教学语气词“吧”的使用策略》《天津大学学报（社会科学版）》，2006 年第 6 期。

的强弱有很大的影响。

此外，在留学生中，女生使用语气词的频率还是高于男生，当然这是几方面原因的综合反映，一方面是因为女生多较温柔，所以在拒绝语的表达过程中更礼貌，另一方面也可能是女生多较仔细，所以女生在汉语的学习过程中更加关注语气词的使用。

2. 辅助言语行为使用的性别差异

根据前文对于辅助言语行为的分类，我们对收集的语料进行了分析，从中可以看出男女之间的差异。中国男女生的详细数据见下图：

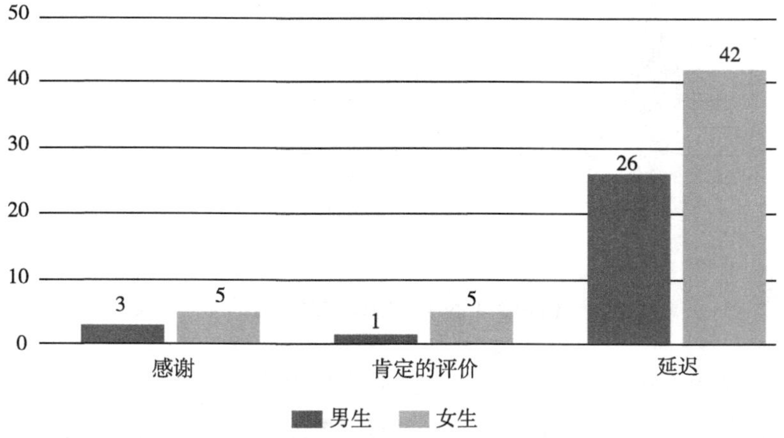

图 5–5　中国学生不同类型辅助言语行为使用频次分布图

从上面图中，我们可以看出，在辅助言语行为的使用中，中国学生，不管是男生还是女生都倾向于使用“延迟”的言语行为方式，而“感谢”和“肯定的评价”使用得较少。这与中国人的内向含蓄的性格特点及汉语的特点有关，中国人总喜欢使用模糊的拒绝方式拒绝他人，而汉语里又有很多模糊的表达，比如“改天去”“以后再说吧”“过段时间有空再去”等，都是我们日常高频使用的间接拒绝语。

此外，我们还可以看出虽然男女生都倾向于使用“延迟”这样的拒绝形式，但是女生使用的频率较男生高，也就是说在进行拒绝语的表达过程中，女生相比男生使用了更多的辅助言语行为来增强拒绝表达的间接性。

汉语拒绝语中的辅助言语行为可分为以下三种：感谢、肯定的评价和延迟。留学生的辅助言语行为使用性别差异具体见下图：

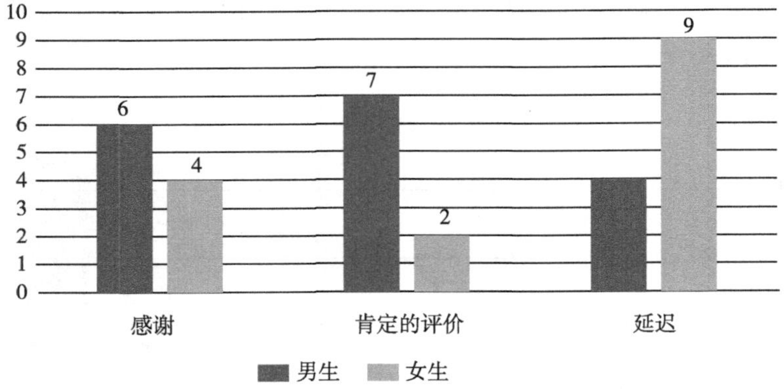

图 5-6 留学生不同类型辅助言语行为的使用频次

从上图中，我们发现留学生不管是男生还是女生，使用辅助言语行为的频次都不是很多，他们主要采用直接拒绝的方式。比如：“这个颜色不适合我”，“我不能参加”等。但是，也有汉语水平很高的学生答语是：“祝你生日快乐，我很想参加，可我公司真的开晚会，我不能来。”这样的拒绝表达，我们认为已经比较地道了。

而对中国人常使用的辅助言语行为如“延迟”类的“以后再说吧”“改天请你吃饭”“有空就去”等等非常有中国特色的表达方式，留学生掌握的还不是很好。在汉语的学习过程中，只有多与中国人进行交流，才能习得更地道的汉语表达，拒绝语的表达也是一样的。

（3）中外学生汉语拒绝语表层话语序列长度的性别差异

通过对收集到的语料进行分类统计，我们发现中国男女生在表层话语序列的长度上也存在显著的差异，在收回的 50 份有效问卷中，男性拒绝语 216 条，女性拒绝语 234 条。其话语序列长度详细数据分析见下图：

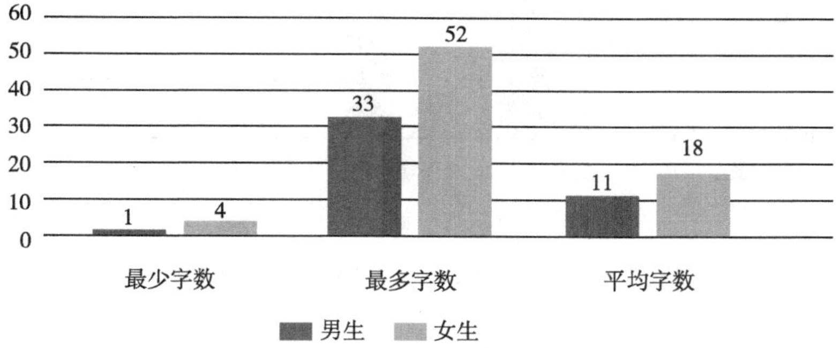

图 5-7　中国男女学生表层话语序列长度分布图

从图 5-7 可以直观地看出，女生话语最少的字数是 4 个字，最多的达 52 个字，平均每句话的回答长度是 18 个字。男生话语最少的字数是 1 个字，最多的有 33 个字。平均每句话的回答长度是 11 个字。女生在回答过程中使用更多的汉语辅助语来进行阐述，在拒绝语的表达中使用更丰富的拒绝策略；而男生的语言则比较简单，直白，点到为止。

中外学生汉语水平有差别，使用拒绝语的长度肯定有很大不同。对我们收集的 378 条留学生拒绝语进行分析，其男女表层话语系列长度情况如下图 5-8。

从图 5-8 中，我们可以看出，留学生由于汉语水平的限制，总的表层话语序列长度都不是太长。女生话语最少的字数是 2 个字，最多的达 24 个字，平均每句话的回答长度是 9 个字。男生话语最少的字数是 1 个字，最多的有 13 个字。平均每句话的回答长度是 5 个字。留学生女生在回答过程中，拒绝语的表达使用了一定

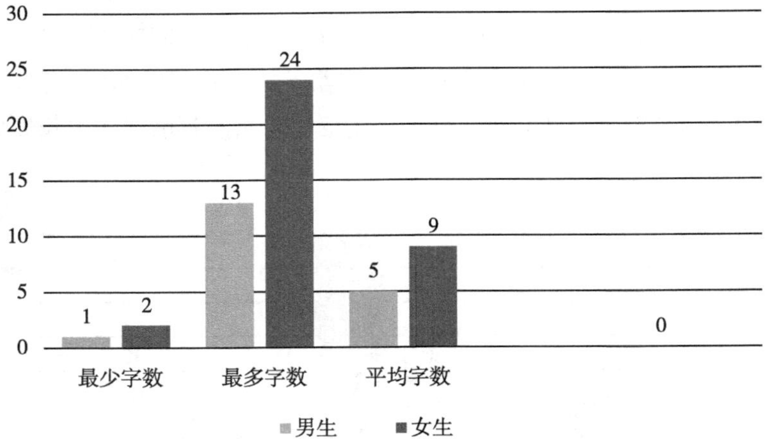

图 5-8 留学生男女表层话语序列长度分布图

的拒绝策略；而男生的语言则很简单，显得话语不多。

这里，我们探讨了汉语拒绝语的中外学生使用性别差异，主要分包括辅助言语行为、修饰语和表层话语序列长度几个方面的情况，可见中外男女学生在拒绝语的使用上都存在显著的差异，主要表现为：一是在称呼语的使用频率上，女生稍高于男生，外国学生与中国学生无明显差异；二是在语气词的使用上，女生和男生的差异更为明显，女生的使用频率几乎是男生的2倍，但整体上外国学生语气词在拒绝语中使用得不多。三是在辅助言语行为的使用过程中，中国的男女生都倾向于使用“延迟”这样的拒绝语，也就是说中国人更喜欢使用模糊表达的方式来回绝说话者的请求、邀请或建议，而且语句较长一点。而留学生由于对中国文化了解适应不够，也因为汉语水平的限制，使得他们对汉语拒绝语的修饰语使用较少，中国人常用“延迟”表达还未掌握，表达的语句偏短等。因此，汉语教学中还需要注意教授与文化交际需要相适应的文化词语及句式表达等。

第三节　国际汉语教学中的文化词语教学研究

一、文化词语的界定和分类

（一）文化词语的界定

作为语言的基本构成要素，文化差异在词汇上体现得尤为突出和广泛，前面我们已经说明汉语词汇教学与文化的关系非常密切，很多词语本身就是反映文化概念或包含文化意蕴的词语。因此有了“文化词语”的概念。

何为文化词语？国外首先提出“文化词语”概念的是英国语言学家 Newmark。在此之前，美国翻译学家 Nida（1964）从翻译对等的角度将英语中涉及文化的词语分为两类：一类是功能相似但具有文化差异的文化词语，一类是某一民族所特有的词汇。Newmark（1988）则明确提出了“文化词语”（cultural words）这一概念。

中国关于文化词语的讨论稍晚于英国，但很多研究“文化词语”的中国学者在概念定义上都借鉴了国外的相关研究成果。黄金贵（1994）在其专著《古代文化词义集类辨考》自序里提出：“根据语言反映文化的不平衡性，作为全部词语总和的词汇，可分两类：有不同程度文化色彩的文化词语和无特定文化色彩的通义词语。”李国正（1996）认为这是“从文化学角度提出的新的分类法”。常敬宇（1995）在其《汉语词汇与文化》一书中对“文化词汇”这一术语做了界定：“文化词汇是指特定文化范畴的词汇，它是民族文化在语言词汇中直接或间接的反映。”并指出文化词汇不同于一般词汇的特点：“一是文化词汇本身载有明确的民族文化信息，并且隐含着深层的民族文化的含义。文化词汇的另一特点，是它与民族文化，包括上面所说的物质文化、制度文化和心理文化有各种关系，有的是该文化的直接反映，如‘龙、凤、华表’等；有的则是间接反映，如汉语中的红、黄、白、黑等颜色词及松、竹、梅等象征词语；有的和各种文化存在渊源关系，如来自文化典籍的词语及来自宗教的词语等。”苏宝荣（1996）认为“有些词语一开始就是在特定文化背景下产生的，只有文化意义没有一般的语言意义，属文化词语”①，文化词语“是专门为表示文化意义而创制的词语”。

有关“文化词语”的定义讨论一直延续至今，赵明（2012）认为，无论哪种界定，与普通词语相比，文化词语除了一般的词汇意义，还包含一定的文化意义，这些词语必须借助汉文化知识才能做出合理解释，如“红豆”在大多数情况下已经不是在指这种植物，而主要表达“相思”之意。文化词语大致可分为两类：一是广义的文化词语，如黄金贵和常敬宇都认为“文化词语”是指那些负载有文化意义的词语，既包括直接反映文化现象的词语，如“龙”，又包括间接反映文化现象的词语，如“梅”；一是狭义的文化词语，即苏宝荣（1996）所说的那些“一开始就在特定文化背景下产生的词语”。

与李晓琪（2006）观点类似，我们认为国际汉语教学中的文化词语，就是那些必须借助汉文化知识才能做出合理解释的、具有固定文化意义的词语。这类词语需要借助文化知识，但不包括严重依赖语境才能阐释其语用的词语，比如“慢走”的客套礼貌文化意义已经固定下来，决定了其单用时就是表示客气，而要表达速度慢些地走，则需要用重叠式“慢慢走”，所以“慢走”就是一个文化词语。相反，“快走”的厌恶不快含义没有固定下来，在不同的语境有不同的含义，“还不快走，磨叽啥呀”中“快走”含有“厌恶不耐烦”之义，而在“马上下大雨了，快走”中“快

① 苏宝荣，《词的语言意义、文化意义与辞书编撰》《辞书研究》，1996年第4期。

走”含有的则是“善意提醒”之义，所以“快走”就不是文化词语。

（二）文化词语的分类

文化词语有哪些类别呢？学术界对文化词语的分类并没有一个统一的标准，比较有代表性是如下几位学者的分类：

（1）王德春（1991）将汉语国俗词语分为三大类：1. 反映我国特有食物和概念的词语，如“插青”“太极拳”；2. 具有特殊民族文化含义的词语，如“白杨”“青松”；3. 兼有前面两类词语特点的词语，如“粽子”“油条”。又分为七小类：①反映中国特有事物，外语中没有现成对应词的词语，如“旗袍”；②具有特殊民族文化色彩的词语，如“君子兰”；③具有特殊历史背景意义的词语，如“红豆”；④国俗熟语，如“叶公好龙”；⑤习惯性寒暄用语，如“哪里”；⑥具有国俗语义的词语，如“月饼”；⑦具有修辞意义的人名，如“曹操”。

（2）孟子敏（1998）把文化词语分为三大类：1. 根据感情色彩分为两类，即褒义词和贬义词。褒义如“勤奋、诚恳、纯洁、伟人”，贬义如“懒惰、肮脏、狐朋狗友”；2. 根据风格意义，也分为两类，即口语和书面语。口语风格的如“窍门儿、干吗、拖后腿、七上八下”，书面风格的如“庄严、父亲、身心交瘁”；3. 语言意义转化或消失之后产生文化意义的文化词语，有 24 类，如①动物，②植物，③人物……

（3）王国安（1996）把文化词语分为五类：1. 表现中国独有的物质文化的词语。如：华表（建筑）、月饼（饮食）、八仙桌（器具）、旗袍（服饰）；2 表现中国独特的精神文化的词语。如：禅让（历史）、道（学术）、比兴（文艺）；3. 表现中国独特的社会经济制度的词语。如：尚书、举人（职官科举）、菩萨（宗教）；4. 反映中国独特的自然地理的词语。如：梅雨、乾坤（自然词语）、流沙、戈壁滩（地理词语）；5. 反映中国独特的风俗、习惯的词语。如：重阳（时令）、稽首（礼仪）、卜巧、踏青（习俗）。

（4）杨德峰（1999）接把文化词语分为15类：历史、地理、政治制度、宗教、人物、文艺、服饰、饮食、节令、习俗、礼仪、器具、建筑、成语、其他。

（5）张高翔（2003）借鉴张岱年和方克立的“文化结构的四层次说”分为四大类：1. 物态文化词语。反映的是人类加工自然创制的各种器物，包括以下几类：建筑、饮食、器具、服饰、自然地理 2. 制度文化词语。反映的是人类在社会实践中建立的各种行为规范、准则以及各种组织形式。包括以下几类：政治法律制度、经济制度、社会文化制度等。3. 行为文化词语。是一些反映约定俗成的风俗习惯的词语，包括：礼仪、习俗、节令等。4. 心态文化词语。是指一些反映人们的价值观念、审美情趣、思维方式、宗教感情、民族性格等方面的词语，属社会心理和意识形态范畴，是文化的核心部分。如：道、仁、理、赋、无明、三清、五行、四书五经、楚辞、篆书、楷书、天人合一、孔子、朱熹、文明单位、狗仗人势、树大招风、一针见血、戴高帽儿、小菜一碟、爱屋及乌、坐飞机、病入膏肓、暗箭伤人、冲刺、后台、开绿灯、空头支票、佛口蛇心、婆婆妈妈、红人、左右逢源、不三不四、泾渭分明、钢铁长城、雨过天晴、跳槽、纸老虎、下海等等。

以上各位学者的分类各有所长，但从对外汉语教学的实际看，也各有不足。比如，王德春从文化语义角度给文化词语分类并编写《汉语国俗词典》是有开创性和实践性的，但是其分类相互间界限不清晰，有交叉，也不利于教学实践。孟子敏对文化词语的分类范围太大了，感情色彩和语体色彩的词在跨文化交际中对交际的影响并不是那么突出，同时也没有反映独特的中国文化内涵；而王国安、杨德峰对文化词语的分类范围又有点狭窄了，其内容只包含了概念义能反映中国文化的词语和熟语，忽略了通过词义引申而产生文化内涵的词语。综合来看，具有教学可操作性和学习者可接受性的是王国安的五类或张高翔的四类分法。

按照以上的界定和张高翔的分类方法，我们对两种教学大纲中的文化词语收录情况做了初步的比较分析。

二、国际汉语教学相关大纲中的文化词语比较分析

目前国际汉语词汇教学中有两个比较权威的大纲性词表。一是 2010 年出版的《汉语国际教育用音节汉字词汇等级划分》（以下简称《等级划分》）。《等级划分》是面向全球汉语国际教育的国家标准，是一种标准化、系统化、规范化、精密化的等级水平划分。《等级划分》研制的语料依据是包括 30 多亿字次的当代大型动态语料库和多种具有代表性、针对性的词典、词表、字表。《等级划分》是根据世界各地国际汉语教学和国内对外汉语教学的总体战略目标制定的，该书将词汇划分为普及化等级词汇、中级词汇及高级词汇三个等级，共收词 11092 个词语。

二是《汉语水平词汇与汉字等级大纲》（以下简称《大纲》）由国家汉语水平考试委员会办公室考试中心编制，1992 年 6 月出的第一版，2001 年 6 月出了修订本。作为规范性的词汇水平表，《大纲》是我国对外汉语教学总体设计、教材编写、课堂教学和教学测试的重要依据，共收词语 8822 个，分甲、乙、丙、丁四个等级，其中，甲级词收词语 1033 个，乙级词收词语 2018 个，丙级词收词语 2202 个，丁级词收词语 3569 个。

以上两个在不同时期具有指导对外汉语教学意义的标准词汇表，在文化词语的收入方面有何异同呢？

（一）《等级划分》中的文化词语

我们按照文化词语的界定以及相关的分类法，对《等级划

分》中的文化词语进行了辨别和分类统计，在大的四分法下，我们主要根据词汇的文化含义对所筛选的文化词语进行了小类的划分，有些可以两分的词语，则偏重其字面所指意义进行了归类，例如“中药”一词既可归入物态文化词语“饮食类”，又可归入心态文化词语“健身类”，但从中药本身所指字面意义，我们将其归入前者。再如“龙舟”可归入“器具类”，也可归入“风俗类”，但按照词语字面所指意义，我们将其归入前者。具体见下表：

表 5-2　《等级划分》中的文化词语

大类	小类	具体词语
物态文化词语（45 个）	建筑类（5 个）	长城、胡同儿、茶馆儿、少林寺、四合院
	饮食类（13 个）	茶、饺子、茶叶、醋、豆腐、豆制品、馒头、月饼、烤鸭、茅台、汤圆、粽子、中药
	器具类（6 个）	筷子、灯笼、风筝、红灯、龙舟、算盘
	服饰类（1 个）	旗袍
	动物类（6 个）	龙、大熊猫、狗、猴、蜜蜂、仙鹤
	植物类（花类 4 个）	梅花、桃花、牡丹、菊花
	度量衡类（10）	斤、里、毛、角、元、尺、寸、亩、面、分寸
制度文化词语（7 个）	政治制度类（1 个）	半边天
	经济制度类（3 个）	小康、包干儿、大锅饭
	社会文化制度类（3 个）	儒家、儒学、普通话
行为文化词语（13 个）	礼仪类（1 个）	福
	节令类（7 个）	春节、除夕、端午节、清明节、中秋节、元宵节、腊月
	风俗类（5 个）	年夜饭、庙会、红包、爆竹、鞭炮

续表

大类	小类	具体词语
心态文化词语（79个）	数词（6个）	四、六、八、九、十、零
	色彩词（4个）	白、红、黄、绿
	味觉词（1个）	酸甜苦辣
	称谓词（2个）	华人、老百姓
	文娱类词语（12个）	国画、中国画、年画、华语、京剧、京戏、戏剧、戏曲、相声、刺绣、麻将
	健身类词语（6个）	武术、中医、太极拳、太极、穴位、针灸
	社会评价类词语（26个）	高手、阎王、一把手、小人、爱面子、爆冷门、出风头、出血、穿小鞋儿、第一手、垫底儿、黑马、黑手、黑心、马后炮、拍板、碰钉子、泼冷水、敲边鼓、一锅粥、吹牛、走过场、走后门儿、随大溜、马虎、钻空子
	社会行为词语（9个）	开夜车、八卦、串门儿、下岗、下台、侃大山、下海、跑龙套、出山
	成语（13）	一路顺风、一帆风顺、鸦雀无声、鹤立鸡群、画龙点睛、画蛇添足、刻舟求剑、守株待兔、亡羊补牢、胸有成竹、一毛不拔、愚公移山、朝三暮四

由上表可见，在《等级划分》中，能清晰可辨的文化词语共计约142个，其中心态文化词语最多79个，约占总数的59%，也就是一大半，其次是物态文化词语45个，约占总数的31%。四类文化词语的收词量最少的是制度文化词语，共7个约占5%。

(二)《大纲》中的文化词语

我们按照相相同的文化词语界定和分类标准，对《大纲》中筛选出的文化词语进行了辨别和分类统计，具体见下表：

表 5-3 《大纲》中的文化词语

大类	小类	具体词语
物态文化词语（73 个）	饮食类（12 个）	茶、饺子、包子、醋、酱油、豆腐、馒头、中药、茅台酒、元宵、烧饼、
	器具类（5 个）	筷子、乒乓、炕、玉、算盘
	服饰类（2 个）	旗袍、红领巾
	动物类（18 个）	鱼、猪、鸡、牛、狗、猴子、熊猫、老虎、龙、狼、凤凰、龟、老鼠、乌鸦、喜鹊、鹰、熊、大雁
	植物类（16 个）	梨、竹子、柏树、柳树、松树、桃、梅花、辣椒、菊花、桑树、梧桐、荔枝、笋、杏、芝麻、枣
	自然地理（10 个）	春、春天、秋天、西、月亮、冰、大陆、东北、中原、内地
	度量衡类（10 个）	斤、里、毛、角、元、尺、寸、亩、丈、分寸
制度文化词语（16 个）	政治制度类（8 个）	地主、整风、半边天、下乡、下台、下放、反革命、国民党
	经济制度类（4 个）	按劳分配、大锅饭、铁饭碗、特区
	社会文化制度类（4 个）	道、高考、阳、文言
行为文化词语（9 个）	礼仪类（1 个）	拜年
	节令类（6 个）	初〔初一)、春节、除夕、正月、腊月、中秋
	风俗类（2 个）	爆竹、鞭炮
心态文化词语（97 个）	数词（6 个）	四、六、八、九、十、零
	色彩词（5 个）	白、黑、红、紫、黄色
	味觉词（4 个）	酸、甜、苦、辣
	顺序词（3 个）	甲、乙、丙
	称谓词（42 个）	您、爱人、对象、哥哥、弟弟、姐姐、妹妹、师傅、同志、小姐、老大妈大妈、老大娘大娘、伯父伯伯、伯母、老大爷大爷、姑姑、奶奶，嫂子、叔叔、爷爷、舅舅、舅母、老人家、老乡、姥姥、婶子、外祖父、祖母、外祖母、东道主、倒爷、鬼子、汉奸、老爷、婆婆、外婆、侄子、两口子、新人、走狗、神仙、老天爷、
	文娱类词语（8 个）	京剧、京戏、毛笔、墨、茶话会、相声、书法、围棋

续表

大类	小类	具体词语
	历史文化类词语（2个）	长征、抗战
	健身类词语（5个）	功夫、武术、中医、针灸、气功
	社会评价类词语（12个）	刁、走后门儿、走弯路、不好意思、有两下子、出洋相、伤脑筋、碰钉子、闹笑话、爱面子、新房、面子
	社会行为词语（1个）	开夜车
	成语（9个）	画蛇添足、自相矛盾、百花齐放、百家争鸣、开天辟地、一毛不拔、饮水思源、朝三暮四、门当户对

由上表可见，在《大纲》中，能清晰可辨的文化词语共计195个，其中心态文化词语也是最多的，100个约占总数的50%，也就是一半，其次是物态文化词语73个，占总数的37%。四类文化词语的收词量最少的是行为文化词语，9个约占5%。

(三)《等级划分》与《大纲》中的文化词语比较

根据上文，我们将《等级划分》与《大纲》中的文化词语在收词量和类别上做了初步比较，发现《等级划分》较《大纲》总量少一些，但具体小类的量稍多一些，比如物态文化词语里多了"建筑类"。二者都是心态文化词语收入的最多，但《等级划分》中最少的是制度文化词语，而《大纲》中最少的是文化行为词语。

二者的文化词语在水平等级分布上，也是同中有异，具体见下表：

表5-4 《等级划分》与《大纲》中文化词语的等级分布

《大纲》（195个）		《等级划分》（144个）	
词汇等级	数量（比例）	词汇等级	数量（比例）
甲级	40（20%）	普及化	23（16%）
乙级	43（22%）	中级	27（19%）
丙级	41（21%）	高级	46（32%）
丁级	72（37%）	高级附录	48（33%）

由上表可见，《等级划分》和《大纲》中的文化词语在各个等级水平中都有出现，但总趋势是在高级阶段的词汇中出现的比例较大，如《大纲》丙级和丁级出现的文化词语共占58%，《等级划分》高级和高级附录词汇出现的文化词语共占65%。比较而言，《大纲》的文化词语在各级别中的分布较为均匀，而《等级划分》的文化词语则更多集中在高级词汇里。

三、《博雅汉语》（起步篇 II）中的文化词语

我们初步分析了大纲中收录文化词语的基本情况，那么教材中文化词语的收录情况又如何呢？这里以《博雅汉语》（起步篇 II）教材为例，主要分析了出现在该册教材中的文化词语情况。

（一）教材文化词汇情况

据统计，《博雅汉语》（起步篇·II）该册教材生词表共收录695个生词，甲级有451个，乙级有179个，丙级有62个以及丁级有3个。其中文化词语为58个，约占生词词汇总数的8%。文化词语的具体分布情况如下表：

表5-5　《博雅汉语》（起步篇·II）的文化词语分布

课数	第1课	第2课	第3课	第4课	第5课	第6课	第7课	第8课	第9课
词汇总量	23	29	31	25	30	29	32	33	33
文化词语数量	0	0	1	1	5	0	5	3	3
课数	第10课	第11课	第12课	第13课	第14课	第15课	第16课	第17课	第18课
词汇总量	42	34	31	34	33	31	26	33	26
文化词语数量	3	2	3	1	3	5	3	1	2
课数	第19课	第20课	第21课	第22课	第23课	第24课	第25课		
词汇总量	26	31	28	28	40	29	27		
文化词语数量	1	2	5	2	3	2	2		

由上表可以看出，全册25课中，共22课有文化词语，也就是80%以上的课文里出现了文化词语。而在有文化词语的课文里，文

化词语的生词占比都不多，最多的占 18%。

（二）文化词语的类别和特点

通过对《博雅汉语》（起步篇 II）的分析，我们将课后生词表中的文化词语挑选出来作为语料，并借鉴前文中所提到的文化词语分类法进行归类，发现该册教材中出现的文化词语可分为以下几类：

1. 饮食类，如点心、烙饼、稀饭、火锅
2. 器具类，如筷子、钉子
3. 称谓语，如爱人、人家、对手
4. 动物类，如猪、牛、羊、巨龙、苍蝇、蚊子、乌龟、熊猫
5. 植物类，如竹子、苹果、橘子
6. 社会文化制度类，如普通话、敬老院
7. 味觉类，如辣
8. 颜色类，如红色
9. 数词，如零
10. 文娱词语，如京剧
11. 社会经济制度类：五一、十一、黄金周
12. 成语或无对应翻译的固定语及量词：三三两两、名胜古迹、只有……才、与……无关、天亮、角度、块、封、把、副、幅、第、位
13. 评价语：犯、算、受罪、尾巴、贵姓、免贵、劳驾、好不

分析出现在《博雅汉语》（起步篇 II）中的文化词语，发现它们有一定的特点：

第一，涉及内容广泛，一共涉及 13 个小类的文化词语。除了有反映汉民族所创造的特有物态文化词语，如：烙饼、火锅、筷子、熊猫以外，同时也包含反映深层内容的社会、经济制度的文化词语，如：敬老院、普通话等。另外也包括有关中国特有的文化艺术、风俗习惯的文化词语以及成语等，如京剧、三三两两，

还有反映现代社会经济制度的文化词语，如：五一、十一、黄金周等。

第二，有关动物和饮食类的词语比较多。此外，无对应翻译的汉语量词和固定语也比较多。

限于时间精力，课后补充词汇里出现的一些文化词语，这里未来得及做统计，总的来看，教材编写者还是注意到文化词语在课文中的收录的。那么面对教材中的文化词语，我们教师该如何进行教学呢？

四、国际汉语教学中文化词语的教学设想

赵明（2012）提出了对外汉语教学中文化词语的三种教学原则，即：（一）不能忽视文化意义；（二）重点讲解语用；（三）根据文化的层级性对词语进行不同层次的讲解。进而提出九种教学方法：直观法、理据法、溯源法、比较法、归类法、语素义阐释法、引申法、语境法和语块法。

我们认为文化词语的教学是汉语词汇教学的重要组成部分，在实际的汉语课堂中，一般是不单独开设词汇课或文化课来专门学习文化词汇的，因此我们要与语言课融合在一起进行教学。由此来看，语言课里的文化词语教学，从文化负载信息的形式来考虑，可分为显性文化词语和隐性文化词语两类。显性文化词语类似上文我们所做的统计中的大部分，即物态文化词语、制度文化词语、行为文化词语和心态文化词语中的大部分，它们从语义上就可以进行清晰归类，如一些动物、植物、称谓和数字词语等。但有些则是隐性的，需要我们从语言对比角度来看到它所独具的民族文化特点，如一些字面概念意义看不出区别，但有着不依赖语境的特殊的词语用法和含义，如“这件衣服还算价廉物美”中“算”的“被认为”意义是需要讲解的，还有很多量词和固定短语，是没有相应的外文对译词的，所以也是需要详细讲解的。

（一）显性文化词语的教学

显性文化词语，大部分教材中都有所涉及，但不是很多，我们认为在结合课文讲解时，一般可以采用比较直观的图片法、视频教学法就可以简单展示和讲解，以帮助学生顺利读懂课文、理解词义。对这些词的教学，除了随课文的出现进行简单分散教学以外，也可以分学期中和学期末两次集中对教材中出现的某类文化词语，进行文化知识的竞赛和集中教学。例如，我们在一个学期结束前对课文中的显性文化词语进行了语境和事件的视频联想教学后，进行了一次猜词的竞赛。两位同学结成对子，根据老师所教目标词语相关的视频和图片商讨出共同的提示词，然后一位同学提示，只能用语言，不能用手势，不能与目标词有重复的字，另一位同学猜，看哪组同学猜得最多。例如：

1. 地名（这是上完中级口语课后进行，根据实际目标词补充了少数课本以外的词）

目标词——提示词

北京——天安门

上海——东方明珠

南京——大排档

广州——长隆

拉萨——西藏

武汉——热干面

2. 人名（这是上完外国本科古代汉语课后进行的）

目标词——提示词

李白——诗仙、守株待兔

韩非子——法家、自相矛盾

韩信——多多益善

司马迁——《史记》

3. 传统小吃（这是上完中级阅读课后进行的，根据实际目标

词补充了少数课本以外的词)

目标词——提示词

粽子——屈原

烤鸭——北京特色

春卷——南方过年

汤圆——元宵节

糖葫芦——山楂

饺子——北方过年

4. 时令节日（这是上完中级综合课后进行的，根据实际目标词补充了少数课本以外的词)

目标词——提示词

中秋节——月饼

春节——福、拜年

端午节——划龙舟

清明节——下乡、祭祖先

（二）隐性文化词语的教学

关于隐性文化词语的教学，我们认为应该融入课文重点词汇的教学中，特别对这些词语意义的阐释和使用的语境要进行重点的教学。例如对“走后门”“走弯路”“三三两两”的意义引申路径要为学生从具体到抽象地讲清楚，然后进一步讲授和练习其用法；对“不好意思”“马虎”等没法从字面讲清其意义引申或来源的，则着重讲其用法，在语境中练习其用法；而对一些成语如“愚公移山”“守株待兔”“自相矛盾”的教学，则在讲清其来源之外，还要特别注重说明该成语如何使用；此外，对量词和固定语等无对应翻译语的汉语文化词语，我们基本也是与语法教学融合在一起，着重教授和练习其用法。

第六章　基于实践的国际汉语词汇偏误及其教学研究

语言学习过程中，产生偏误是不可避免的，偏误是第二语言误解在表达中的反映。本章对经常见到的词语错误理解进行了举例分析，所用研究方法不新，但尽可能为研究提供一些新的例证。

第一节　国际汉语教学中近义词偏误情况的个案调查研究

“语言误解的原因很多，从理解看根源在语义上”（朱志平，2004）。而语义偏误中，最多的是近义词的偏误。近义词是汉语中非常重要的构句成分，近义词的掌握程度会直接影响学生对整个句子的理解和运用。而近义词的理解和运用也一直是第二语言学习者学习汉语词汇的一个重点和难点。随着学习难度的加大、词汇量的增加，中高级水平学生发生的词语偏误量却呈上升趋势。其中近义词的使用偏误率最高。这里，我们以泰国高级汉语水平学生学习情况为例进行了调查研究。

一、调查设计

我们使用《商务馆学汉语近义词词典》（赵新、李英主编，商务印书馆 2009 出版）的目录表，从中选取了 29 组泰国学生容易产生偏误的近义词。这 29 组易误用的近义词的选取过程如下：

首先将《商务馆学汉语近义词词典》目录中的所有 1,030 组近义词词组复印四份，分别发给四位在中央民族大学学习的博士生，让他们选择自己感觉最容易发生偏误的近义词，四位博士选出的易错用的近义词共计 65 组，具体如下表 6-1：

表 6-1　首次选出的 65 组近义词

按照-根据-依照	操心-担心	丢-扔
暗暗-默默-悄悄-偷偷	测试-测验-考试	儿女-子女 *
帮-帮忙-帮助 *	曾经-已经	发达-发展
悲伤-伤心	差别-差异-区别 *	发言-讲话
被-叫-让	差距-距离 *	反映-反应 *
变化-改变 *	产生-出现-发生	犯法-违法-非法
表扬-称赞-赞扬	吵-闹	方法-方式 *
别-不要	次序-顺序 *	肥-胖
并-并且	从不-从没-从来	服装-衣服 *
此外-另外	促进-促使-推动 *	辅导-指导 *
次-回-趟	得到-获得-取得	感到-感觉-觉得
工作-职业 *	合适-恰当-适合	花费-消费-消耗
几乎-差不多-差点儿	渐-渐渐-逐渐-逐步	将来-未来 *
简单-容易 *	据说-听说	考虑-思考 *
可惜-惋惜-遗憾	渴望-盼望-希望	理解-了解 *
满意-满足 *	面对-面临	目的-目标 *
年轻-年青-青年	恰好-正好 *	以为-认为
时代-时期 *	实际-现实 *	适合-适应 *
收集-搜集	在乎-在意 *	特点-特色-特征
遵守-遵循 *	尊敬-尊重	好玩儿-有趣 *
均匀-平均	不停-不断 *	适合-适应 *
终于-到底 *	替-代 *	

然后我们再将四位选出的 65 组易错词中共有的挑选出来（表中带 * 的），结果是 29 组。接着我们将这 29 组易错用的近义词按照名、动、形和副做了词性功能的分类，并依此设计了 61 道题，

名词性的 23 题、动词性的 27 题、形容词性的 6 题和副词性的 5 题，每道题正确答案只有一个，具体测试题见附录 3。

二、调查结果及分析

我们按照四类词性对泰国博仁大学三、四年级大学生共 44 人（23 名三年级、21 名四年级）进行了测查①。下面按照测查结果分别具体分析泰国高级水平学生的近义词习得偏误情况。

（一）名词性的

本文的近义词测试中名词性近义词共有 11 组 23 道题，分别为：第一组第 1-3 题的“差别-差异-区别”、第二组第 4-5 题的“距离-差距”、第三组第 6-7 题的“次序-顺序”、第四组第 8-9 题的“子女-儿女”、第五组第 10-11 题的“方法-方式”、第六组第 12-13 题的“衣服-服装”、第七组第 14-15 题的“职业-工作”、第八组第 16-17 题的“将来-未来”、第九组第 18-19 题的“目标-目的”、第十组第 20-21 题的“时期-时代”和第十一组第 22-23 题的“实际-现实”。而各组答题情况比例具体如下：

表 6-2　第一组：差别-差异-区别

题号	正确答案	选 A 人数	选 B 人数	选 C 人数
1	A. 差别	10（22.7%）	8（18.1%）	26（59%）
2	B. 差异	18（40.9%）	18（40.9）	8（18.1%）
3	C. 区别	17（38.6%）	11（25%）	16（36.3%）

“差别”“差异”和“区别”都指事物之间不同。从上表可以看出第 1 题 22.7%的学生回答正确答案“差别”，有 59%的学生却选择了“区别”，因为学生把词语中的前素“区”当成“区域”“地区”的意思，以为跟“城乡”有关系。这组近义词都用泰语

① 本次测查，由泰国学生林志平完成实施。

“ความแตกต่าง”对译，使得第 2 题和第 3 题的回答正确率也未能超过一半，显然是受到了母语负迁移的影响，所以学生都容易混用。

表 6-3 第二组：距离-差距

题号	正确答案	选 A 人数	选 B 人数
4	B. 差距	15（34%）	29（66%）
5	A. 距离	35（80%）	9（20%）

“差距”和“距离”都表示离某一标准、要求还不够，存在不足，这组近义词都用泰语“ระยะห่าง”对译。从上表可以看到第 4 题，66%的学生选择正确答案“差距”，学生可用学过的“差别”一词来判断答案。第 5 题，达到 80%的学生选择了正确答案“距离”，学生可用初级汉语句型知识“从……离……”来判断答案，所以对这组近义词的使用较少的人会发生偏误。

表 6-4 第三组：次序-顺序

题号	正确答案	选 A 人数	选 B 人数
6	A. 次序	13（29.5%）	31（70.5%）
7	B. 顺序	27（61.4%）	17（38.6%）

“次序”和“顺序”都有事物在空间或时间上的排列先后的意思，两者都翻译成泰语为“ตามลำ ดับ”。从上表可以看到第 6 题，大多学生选择错误答案 B“顺序”，比选择正确答案 A“次序”的人数多 41%。第 7 题大多学生选择了“次序”，而应选“顺序”。这两个词由“序”组成，后素相同，他们不知道侧重点不同，所以混淆了。

表 6-5 第四组：子女-儿女

题号	正确答案	选 A 人数	选 B 人数
8	A. 子女	22（50%）	22（50%）
9	B. 儿女	16（36%）	28（64%）

“子女”和“儿女”的意思是指儿子与女儿，两者都可以翻译成泰语“กุลบุตรกุลธิดา”。从上表可以看到第 8 题，达到 50%的学生都选择了正确答案“子女”，因题干中有“军人”一词，适用“子女”搭配，选错的另一半学生是因为没有掌握这种词语搭配。第 9 题，64%的学生也就是多半学生选择了正确答案“儿女”。

表 6-6　第五组：方法-方式

题号	正确答案	选 A 人数	选 B 人数
10	A. 方法	27（61%）	17（39%）
11	B. 方式	16（36%）	28（64%）

“方法”和“方式”的意思都指说话做事的办法、手段，两词都用泰语“วิธีการ”对译。从上表可以看到第 10 题和 11 题选择正确答案的学生都在 60%以上，但选错的比例也高达 30%多。这两个词的侧重点不同，学生一旦不注意就会产生偏误。

表 6-7　第六组：服装-衣服

题号	正确答案	选 A 人数	选 B 人数
12	B. 服装	16（36%）	28（64%）
13	A. 衣服	22（50%）	22（50%）

“服装”是衣、裤、鞋、帽等的总称，常指“衣服”。两者都用泰语“เสื้อผ้า”对译。从上表可以看到第 12 题，36%的学生选择错误答案“衣服”，忽略了其常跟“穿”搭配，而第 13 题，50%的学生选择错误答案“服装”，忽略了其量词是“套”。如果学生不知道搭配规律，就会产生偏误。

表 6-8　第七组：职业-工作

题号	正确答案	选 A 人数	选 B 人数
14	B. 职业	34（77%）	10（23%）

续表

题号	正确答案	选 A 人数	选 B 人数
15	A. 工作	14（32%）	30（68%）

“职业”与“工作”是指个人在社会中所从事的体力劳动或脑力劳动，两个词都可以对应泰语中的“งาน”一个词来表达。从上表我们可以看到，第 14 题，77% 的学生都选择了错误答案“工作”。第 15 题，68%的学生选择错误答案“职业”。可见，大部分学生不知道这两词的语义和语用差别，所以会产生使用偏误。

表 6-9　第八组：未来-将来

题号	正确答案	选 A 人数	选 B 人数
16	B. 未来	28（64%）	16（36%）
17	A. 将来	15（34%）	29（66%）

“未来”和“将来”都表示以后的时间或就要到来的时间，两词都译为泰语“อนาคต”。从上表可以看到第 16 题，64%的学生回答错误，选择“将来”。第 17 题，66% 的学生回答错误，选择“未来”。可见，大部分学生不知道这组近义词的语义和语用差别，所以会产生使用偏误。

表 6-10　第九组：目的-目标

题号	正确答案	选 A 人数	选 B 人数
18	B. 目的	18（41%）	26（59%）
19	A. 目标	28（64%）	16（36%）

“目标”和“目的”的意思都是指要达到的境界，两个词都对应翻译成泰语为“เป้าหมาย”。“目的”一词用于消极方面，第 18 题中我们看见“破产”就是贬义词，可以参考来选择答案，而“目标”一词用于积极方面，第 19 题中我们看见“宏伟”就是褒

义词，但两个词在泰语中没有褒义词和贬义词之分，不少学生没注意到其感情色彩的不同而选择了错误答案，其使用中也一定会发生相关的偏误。

表 6-11　第十组：时代-时期

题号	正确答案	选 A 人数	选 B 人数
20	B. 时代	13（30%）	31（70%）
21	A. 时期	28（64%）	16（36%）

“时代”和“时期”都表示一段比较长的时间，两个词翻译成泰语为“สมัย”。从上表可以看到第 20 题，30%的学生选择了错误答案“时期”。第 21 题，36%的学生选择错误答案“时代”。也就是仍有相当一部分学生不熟悉两词的用法。

表 6-12　第十一组：实际-现实

题号	正确答案	选 A 人数	选 B 人数
22	B. 现实	18（41%）	26（59%）
23	A. 实际	18（41%）	26（59%）

“现实”和“实际”都表示客观存在的事物或者情况，两词都用泰语的“เป็นจริง”对译。“现实”一般与“理想、幻想”相对，而“实际”强调真实的情况。从上表第 22-23 题，我们可以看到 40%以上的学生选择错误。显然，答错的学生将“实”的词素混淆使用，因为“实”的意义对应泰语也是“จริง”，所以受母语的负迁移可能出现选择的错误。

表 6-13　名词性近义词偏误比例

	总题数	答错题数及比例	总人数	答错人词及比例
名词性	23	12（52%）	44	507（12%）

上表数据显示，泰国学生使用名词性近义词的错误率很高，

答错题比率高达52%。名词性近义词一共有十一组，其中，有三组近义名词学生偏误率最高的，它们是：次序-顺序、工作-职业、将来-未来，我们认为主要原因是学生忽略了语义和不熟悉名词性近义词侧重点的不同，而且受到母语对译负迁移的影响。

（二）动词性的

动词性的一共有12组近义词，设计了26道题，分别为：第一组第24-26题的“促进-促使-推动”、第二组第27-29题的“帮-帮忙-帮助”、第三组第30-31题的“改变-变化”、第四组第32-33题的“替-代”、第五组34-35题的“反映-反应”、第六组36-37题的“辅导-指导”、第七组38-39题的“理解-了解”、第八组40-41题的“思考-考虑”、第九组42-43题的“满足-满意”、第十组44-45题的“适应-适合”、第十一组46-47题的“在乎-在意”、第十二组48-49题的“遵守-遵循”。具体测试情况如下：

表6-14　第一组：促进-促使-推动

题号	正确答案	选A人数	选B人数	选C人数
24	A. 促进	16（36%）	10（23%）	18（41%）
25	B. 促使	15（34%）	21（48%）	8（18%）
26	C. 推动	14（32%）	18（41%）	12（27%）

“促进”“促使”和“推动”都有使事物加速前进或发展的意思，这组近义词都翻译成泰语“เป้าหมาย”。从上表可以看到第24题，41%的学生选择错误答案“推进”，该词表示使事物在原有基础上加速向前发展。第25题，34%的学生选择错误答案“促进”。第26题，41%的学生选择错误答案“促使”。可见，很多学生不明白这三个词语意义之间的差别。

表 6-15　第二组：帮忙-帮-帮助

题号	正确答案	选 A 人数	选 B 人数	选 C 人数
27	C. 帮忙	13（30%）	15（34%）	16（36%）
28	A. 帮	30（68%）	8（18%）	6（14%）
29	B. 帮助	1（2%）	32（73%）	11（25%）

“帮忙”“帮”和“帮助”都表示为别人出力、出主意，这组近义词都可以翻译成泰语“สมัย”一词。从上表可以看到第 27 题，36%的学生选择正确答案“帮忙”。第 28 题，68%的学生选择正确答案“帮”。第 29 题，73%的学生选择正确答案“帮助”。三道题中选择正确答案的人数都是最多、比例最高的，可见，学生们对这三个词语的用法掌握还较好，但“帮忙”这个离合词的用法显然掌握得不够好，只有三分之一多一点的学生选对。

表 6-16　第三组：变化-改变

题号	正确答案	选 A 人数	选 B 人数
30	B. 变化	20（45%）	24（55%）
31	A. 改变	26（59%）	18（41%）

“变化”和“改变”都表示和原来比产生了新的状况，两词都用泰语“เป็นจริง”对译。从上表可以看到第 30 题，55%的学生选择正确答案“变化”。第 31 题，59%的学生选择正确答案“改变”。可见，多数学生选择正确，但少数学生不知道语义差别仍会产生偏误。

表 6-17　第四组：代-替

题号	正确答案	选 A 人数	选 B 人数
32	B. 代	17（39%）	27（61%）
33	A. 替	27（61%）	17（39%）

“代”和“替”都指用 A 来替换、代替 B，两词都用泰语“จริง”对译。从上表可以看到第 32 题，61%的学生选择正确答案“代”61%的学生选择正确“替”。这组近义词有搭配规律，多数学生注意了这个情况，只有少数同学会产生偏误。

表 6–18　第五组：反应–反映

题号	正确答案	选 A 人数	选 B 人数
34	B. 反应	20（45%）	24（55%）
35	A. 反映	22（50%）	22（50%）

“反应”和“反映”都表示对某种情况引起的回应，两词都用泰语“ปฏิกิริยา”翻译。从上表可以看到第 34 题，45%的学生选择错误答案“反映”。第 35 题，50%的学生选择错误答案“反应”。由于这组近义词是同音异义的词，学生容易混淆，所以偏误率比较高。

表 6–19　第六组：辅导–指导

题号	正确答案	选 A 人数	选 B 人数
36	A. 辅导	17（39%）	27（61%）
37	B. 指导	34（77%）	10（23%）

“指导”和“辅导”都指帮助别人进一步学习甚至顺利完成，两词都用泰语“ชี้แนะ”对译。从上表可以看到第 36 题，61%的学生选择错误答案“指导”。第 37 题，77%的学生选择错误答案“辅导”。“指导”是上对下的关系，“辅导”则不限于此，很多学生没弄明白这一点，所以产生偏误率比较高。

表 6–20　第七组：了解–理解

题号	正确答案	选 A 人数	选 B 人数
38	B. 了解	8（18%）	36（82%）
39	A. 理解	32（73%）	12（27%）

“了解”和“理解”都有“知道”的意思。从上表可以看到第38题，18%的学生选择了错误答案“理解”。第39题，27%的学生选择错误答案“了解”。少数学生混用这组近义词，恐怕还是因为两词都用泰语“เข้าใจ”对译，因而没有范围使用之别。

表6-21　第八组：考虑-思考

题号	正确答案	选A人数	选B人数
40	B. 考虑	10（23%）	34（77%）
41	A. 思考	28（64%）	16（36%）

“考虑”和“思考”都有想问题的意思。从上表可以看到第40题，23%的学生都选择了错误答案“思考”。第41题，36%的学生选择错误答案“考虑”。由于两词都用泰语“พิจารณา”对译，但汉语里二者语义轻重程度不同，大部分学生选对了，仍有部分学生有选择和使用上的偏误。

表6-22　第九组：满意-满足

题号	正确答案	选A人数	选B人数
42	A. 满意	27（61%）	17（39%）
43	B. 满足	15（34%）	29（66%）

“满意”和“满足”都有事情比较符合心愿后感到高兴的意思，从上表可以看到第42题，39%的学生选择错误答案“满足”。第43题，34%的学生选择错误答案“满意”。两词都用泰语“พอใจ”对译，由于在泰语里是一词多义，一词对应“满意”“满足”两个意义，所以少数学生容易混用。

表6-23　第十组：适应-适合

题号	正确答案	选A人数	选B人数
44	A. 适应	34（77%）	10（23%）

续表

题号	正确答案	选 A 人数	选 B 人数
45	B. 适合	11（25%）	33（75%）

“适应”和“适合”都表示符合客观要求或者条件，两者都用泰语“เหมาะสม”翻译。从上表可以看到第 44 题，23%的学生选择错误答案“适合”；如果“A 适合 B”表示 A 和 B 很合适，是客观的情况。第 45 题，25%的学生选择错误答案“适应”；如果“A 适应 B”表示 A 主动想办法来习惯 B。因为语义区别还是很明显的，所以这两个词的正确率还比较高，都在 75%以上。

表 6-24　第十一组：在乎-在意

题号	正确答案	选 A 人数	选 B 人数
46	A. 在乎	23（52%）	21（48%）
47	B. 在意	21（48%）	23（52%）

“在乎”和“在意”都表示很关注某人某事或放在心上，两词都用泰语“สนใจ”对译。从上表可以看到第 46 题，48%的学生选择错误答案“在意”，而第 47 题 48%的学生选择了错误答案“在乎”。“在乎”是指某事或某人很重要，一定要认真对待，而“在意”是指对某事或某人很注意或者很关心。二者语义差别比较小，所以错误率还是比较高的。

表 6-25　第十二组：遵守-遵循

题号	正确答案	选 A 人数	选 B 人数
48	A. 遵守	27（61%）	17（39%）
49	B. 遵循	15（34%）	29（66%）

“遵守”与“遵循”都有照着做的意思，两词都用泰语“ปฏิบัติตาม”对译。从上表可以看出，第 48 题，39%的学生选择

错误答案“遵循”。第49题，15%的学生选择错误答案“遵守”。“遵循”强调按照科学的规律或制定的方法去做事情，多与“规律”搭配，而“遵守”强调不违反共同的规定，多与“法律”搭配。二者区别较为明显，因此这两题回答的正确率比错误率高。

表6-26　动词性近义词偏误及比例

	总题数	答错题数及比例	总人数	答错人次比例
动词性	26	7（27%）	44	485（11%）

表中数据显示，泰国学生使用动词性近义词的错误率相对低一些，答错题数是27%。近义动词性一共有十二组，其中我们发现仅有两组近义动词是学生偏误率最高的，它们是：“促进-促使-推动”和“辅导-指导”，其主要原因是学生不熟悉近义词语义和语用的差异。

（三）形容词性的

形容词性的一共有3组近义词，设计了6道题，分别为：第一组第50-51题的“健壮-健康”、第二组第52-53题的“简单-容易”和第三组第54-55题的“有趣-好玩儿”。具体测试情况如下：

表6-27　第一组：健康-健壮

题号	正确答案	选A人数	选B人数
50	B. 健康	5（11%）	39（89%）
51	A. 健壮	34（77%）	10（23%）

“健康”和“健壮”都是指人的身体很正常或者无疾病与缺陷，两词都用泰语“แข็งแรง”对译。从上表可以看到第50题，11%的学生选择错误答案“健壮”。第51题，23%的学生选择错误答案“健康”。可见，这一题学生们的偏误率是比较低的，多数学生对两个词的语义差别已有了解。

表 6-28 第二组：简单-容易

题号	正确答案案	选 A 人数	选 B 人数
52	A. 简单	26（59%）	18（40%）
53	B. 容易	16（36%）	28（64%）

“简单”和“容易”都是某事的难度很低的意思，两词都用泰语的“ง่าย”对译。从上表可以看到第 52 题，40%的学生都选择错误答案“容易”。第 53 题，36%的学生都选择错误答案“简单”。一般“简单”与“结构”搭配，而“容易”与“学”搭配。由于泰语翻译时没区分，所以使得学生较容易混淆产生偏误。

表 6-29 第三组：有趣-好玩儿

题号	正确答案	选 A 人数	选 B 人数
54	A. 有趣	24（55%）	20（45%）
55	B. 好玩儿	27（61%）	17（39%）

“有趣”和“好玩儿”的意思是指某物或某人或某事能使人产生兴趣或喜爱，两词都用泰语的“สนุก”对译。从上表可以看到第 54 题，45%的学生都错误地选择了“好玩儿”，句子中的“生活”一词是抽象的，而“有趣”形容抽象的事物，所以应该用“有趣”，而第 55 题，61%的学生都选择了“好玩儿”，句子中的“公园”是个地方，而“好玩儿”一词用于形容某个地方或具体的事物，所以应该用“好玩儿”。由于泰语没有区分两个词的范围和使用规律，便出现该组近义词较高的偏误率。

表 6-30 形容词性近义词偏误及比例

	总题数	答错题数及比例	总人数	答错人数及比例
形容词性	6	2（33%）	44	96（2.1%）

上表数据显示，泰国学生使用形容词性近义词的错误率不算

太高，答错题数比率为33%。虽形容词性近义词一共有三组，但其中就有两组近义形容词是学生造成偏误率高的，它们是："有趣-好玩儿"和"简单-容易"，其主要原因是学生对适用范围与搭配不熟悉。

（四）副词性的

副词性的共有3组近义词，设计了6道题，分别为：第一组第56-57题的"到底-终于"、第二组第58-59题的"不断-不停"和第三组第60-61题的"恰好-正好"。具体测试答题情况如下：

表6-31 第一组：到底-终于

题号	真确答案	选A人数	选B人数
56	B. 到底	32（73%）	12（27%）
57	A. 终于	10（23%）	34（77%）

"到底"和"终于"的意思都表示某人或某事经过一段时间，最后出现了何种情况。从上表可以看到第56题，73%的学生都选择了错误答案"终于"，句子中的上下文是消极方面，应该用"到底"，而第57题，77%的学生选择了错误答案"到底"，句子上下文显示积极方面，应该用"终于"。由于两词都用泰语的"ในที่สุด"对译，学生没有分辨感情色彩使用规律，因而出现了偏误和混用。

表6-32 第二组：不断-不停

题号	正确答案	选A人数	选B人数
58	B. 不停	6（14%）	38（86%）
59	A. 不断	36（82%）	8（18%）

"不断"和"不停"都有动作或行为不停止的意思，两词都用泰语的"ไม่หยุด"对译。从上表可以看到第58题，86%的学生选择正确答案"不停"，汉语里有"停车"一词，所以大部分学生选择了正确答案。第59题，82%的学生选择了正确答案"不断"。

可见，对于“不断”和“不停”，这些泰国学生大部分是清楚的，仅有少数学生没掌握。

表 6-33 第三组：恰好-正好

题号	正确答案	选 A 人数	选 B 人数
60	A. 恰好	17（39%）	27（62%）
61	B. 正好	24（55%）	20（45%）

“恰好”和“正好”的意思是恰巧遇到机会或是刚好在某一点上，从上表可以看到第 60 题，62%的学生选择错误答案“正好”，而答案应选“恰好”。第 61 题，55%的学生都选择“恰好”，而应选“正好”。两词差别重点在于前素“正”与“恰”，但近半数的学生没注意到。

表 6-34 副词性近义词偏误及比例

	总题数	答错题数及比例	总人数	答错人及比例
副词性	6	4（66%）	44	131（3%）

表中数据显示，泰国学生使用副词性近义词时，答错题数高达 66%。三组近义副词性中就有两组近义副词是学生造成偏误率高的，它们是：“不断-不停”和“恰好-正好”，可能是学生没注意或不知其语义的区别。

三、偏误原因分析

（一）汉语近义词本身的特点造成

汉语是一种孤立型语言，存在着明显的双音化趋势。汉语的复合词所占比例偏高。我们将测试调查中的 29 组近义词分成两类：一是共语素的近义词，二是不共语素的近义词，具体如下：

1. 共语素的近义词共有 24 组，占 83%。它们是：

“差别-差异-区别”“距离-差距”“次序-顺序”“子女-儿

女”“方法–方式”“衣服–服装”“将来–未来”“目标–目的”“时期–时代”“实际–现实”“促进–促使”“帮–帮忙–帮助”“改变–变化”“反应–反映”“辅导–指导”“理解–了解”“考虑–思考”“满意–满足”“适应–适合”“在乎–在意”“遵守–遵循”“健康–健壮”“不断–不停”和“恰好–正好”。

2. 不共语素的近义词有5组，占17%。它们是：

“工作–职业”“代–替”“简单–容易”“有趣–好玩儿”和“终于–到底”

按照语素构成的四类情况，我们对所测查的29组近义词又做了进一步的分析，具体如下表：

表6–35　近义词语素的构成类型

序号	前素相同	后素相同	组内第一个词的前素和第二个词的后素或第一个词的后素和第二个词的前素相同	完全没有相同语素
1	方法–方式	次序–顺序	差距–距离	职业–工作
2	目的–目标	未来–将来	服装–衣服	简单–容易
3	时代–时期	辅导–指导	现实–实际	有趣–好玩儿
4	促进–促使	了解–理解	变化–改变	到底–终于
5	帮忙–帮助	恰好–正好	考虑–思考	代–替
6	反映–反应	子女–儿女		
7	满足–满意			
8	适应–适合			
9	在乎–在意			
10	遵守–遵循			
11	健康–健壮			
12	不停–不断			
13	差别–差异			

从上表，我们可以看到：

①前素相同的近义词有 13 组，占 45%：“方法-方式”“目的-目标”“时代-时期”“促进-促使”“帮忙-帮助”“反映-反应”“满足-满意”“适应-适合”“在乎-在意”“遵守-遵循”“健康-健壮”“不停-不断”“差别-差异”。

②后素相同的近义词有 6 组，占 21%：“次序-顺序”“未来-将来”“辅导-指导”“了解-理解”“恰好-正好”“子女-儿女”。

③组内第一个词的前素与第二个词的后素相同，或第一个词的后素与第二个词的前素相同的近义词共有 5 组，占 17%：“差距-距离”“服装-衣服”“现实-实际”“变化-改变”“考虑-思考”。

④完全没有相同语素的近义词共有 5 组，占 17%：“职业-工作”“简单-容易”“有趣-好玩儿”“到底-终于”“代-替”。

如此分类以后，我们发现，泰国汉语学习者产生偏误最多的就是后素相同的近义词。四类语素近义词，按照出现偏误人数从多到少依次是：“次序-顺序”“未来-将来”“辅导-指导”“恰好-正好”“差别-差异-区别”“到底-终于”，共有 6 组，占 21%。

汉语的双音化还具有一种复杂性，即有一些发音比较相同或近似的词。本文已经选出的近义词中有“反映”和“反应”这样的词，虽然发音完全相同，都念“fǎnyìng”，但是意义和用法却不一样，而这使得学生更容易混淆、记忆更加困难。

（二）母语负迁移

语言迁移理论开始于五十年代。罗伯特·拉多（Robert Lado）认为，语言迁移现象是语言习得的一种障碍。①“迁移”可以分为

① Lado, R. Linguistics Across Cultures: A: lied Linguistics for Language Teachers [M]. Ann Arbor: University of Michigan Press, 1957: 2.

两类，一是“正迁移”，二是“负迁移”。所谓“母语负迁移”即学习者将自己的母语知识不合适地运用到目的语中的现象，也可以称为母语干扰。

本调查的对象——泰国大学三、四年级学生，都是汉语学习的成年人，母语已经定型了，所以学习第二语言的时候会借用本族语来记忆目的语，甚至使用第二语言来表达自己的思想。泰国汉语学习者在没有经过训练的情况下，一般不会考虑到汉语近义词的区别，不会从语义轻重、感情色彩、范围大小、对象使用等方面自觉区分，因为泰语的近义词不是从这几个方面来区分的。此外，泰语的近义词比较少，而汉语近义词非常丰富，泰语中一个词语对应汉语中有两个或多个词语，这使泰国汉语学习者很难选择使用近义词组中最合适的词语。

例如，近义词“职业”和“工作”，两者都用泰语名词“งาน”一个词来表达，学生不会考虑到这组近义词的语义区别，而用泰语简单地对应起来，随便使用汉语的“职业”和“工作”，就导致了近义词的混淆，就会出现“毕业前两个月，他就找到了一份在商场收银的职业”的句子。

再比如，近义词“辅导”和“指导”都用泰语“ชี้แนะ”一个词对译，因为泰语没有侧重对应搭配使用哪些词，所以泰国学生忽略近义词的这一点，就产生近义词偏误，从而出现句子“很多留学生都请了中国学生给他们指导汉语”。

还有，泰语中“พอดี”这个词同时对应汉语“恰好”与“正好”，学生忽略了语义轻重的不同，也容易产生偏误。

（三）学生和教师的原因

1. 学生回避的学习策略

通过课堂观察和学生平时的作业，我们看到在意思相近的几个词中，学生更愿意选择使用最开始学习和接触的那个词。比如开始学了“好”，后来又学了“厉害”“优秀”等词，在老师鼓励学生用不同词语表达相同意思时，因为学生害怕自己造出错误的句子而选择自己最熟悉最保险的词语来表达，回避使用更难的、新的词语。

又如，近义词“将来”和“未来”，根据《汉语水平词汇与汉字等级大纲》，“将来”是甲级，而“未来”是乙级，大多学生会选出“将来”来造句，避免自己出错。

2. 教师的教学态度和方法

目前泰国本土汉语教师的人数较多，但教师的能力不同，汉语的知识储备也不同，对外汉语词汇教学方法也不一样。教师在课堂上对汉语词汇教学表现了多种教学态度，有些教师就忽略了近义词辨析教学。有些教师虽然具有近义词区分内容的意识，但不知道如何进行课堂近义词教学。汉语词汇教学中，如果教师仅让学生简单地去理解汉语近义词或者不重视近义词教学，就会误导学生的汉语词汇学习。

（四）教材和工具书的原因

1. 教材方面

目前泰国博仁大学三四年级汉语专业大学生所用的主要教材是北京大学出版社的《博雅汉语》中级，每篇课文的生词均用英语解释，可英语的用法和意思仍然不能完全和汉语意思对应。

例如，《博雅汉语·准中级加速篇Ⅰ》第32页第三课《留学中国》的生词部分，为学习者提供了生词的词性、拼音、释义和丰富的运用范例，具体如下：

21. 帮忙　bāngmáng　帮助<口语>to help：帮某人一个忙

这本教材生词部分的每个生词都有英语释义，对泰国学生而言，这样学习新词语并不方便，而且所使用的英语翻译 help 与汉语词语用法不完全对应，另外，“帮忙”的释义出现了汉语近义词“帮助”，但没有提供二者的区别，没有让学习者意识到用法的差异，从而导致学习者错误地使用“帮忙”和“帮助”。

2. 工具书方面

泰国学生在学习汉语近义词的时候会因为工具书对译性的解释而产生偏误，这也是最主要的原因之一。学生在学习汉语词语的过程中经常直接将词典里的泰语解释用于理解汉语词语，一组汉语近义词可用一个泰语解释，在没有进行反思和辨析近义词区别的情况下，就会导致学生误用。大多数泰国学生都使用《现代汉泰词典》（杨汉川，2009），该词典的释义就是多个汉语词用同一个泰语词来解释，如，"差别【名】ความแตกต่าง、差异【名】ความแตกต่าง、区别【名】ความแตกต่าง"，这三个词的泰语翻译在该工具书中是完全相同的，但该词典中没有三者区分的说明，很多泰国学生受此影响就会将"差别""差异"和"区别"等同使用，从而产生近义词偏误。

第二节　国际汉语学术写作中留学生的词汇偏误例析

对外汉语教学的快速发展，不仅使海外汉语学习者增多，在华留学生的数量也随之增多，高水平汉语学习者，如本科生和研究生等学历留学生的数量也愈来愈多。然而在这些高水平汉语留学生的学术论文写作中，我们仍然经常见到字词的偏误。

一、普通词语的偏误

（一）摘要部分的考察

作为学术论文的"脸面"，论文摘要，一般错误少，但在我们考察的66篇中央民族大学汉语国际教育外国硕士毕业论文摘要中，字词错误共计16处。而这些字词的错误集中在"的""得"和"地"的区分（4处）和介词的使用这两个部分。另外，词语的不恰当略写，其他词语和“高”“低”“大”“小”等词的搭配，“来”“去”的区分也是字词中的常见错误。例如：

（1）选用恰当的教学方法不断的提高教学效率实现教学效果的最优化。（地）

（2）汉语教学在越南已经稳定的发展（地）

（3）随着汉语在国际上不断的发展和推广（地）

（4）第二章阐述了卷调查设计的相关内容及具体编写操作（问）

（5）汉字是汉语的大特点之一，也是非汉字文化圈的学生最大难点之一（最大）

（6）一是系统的分别阐述现代汉语和现代哈萨克语语音、音节、声调的不同特点（地）

（7）“跟”的偏误率最高，“对”的偏误率最少。（用词不当：比率用“高”和“低”来修饰，不能用“少”修饰）

（8）除此之外，由于研究时间和条件所限，本研究还存在很多不足之处。（前面讲的是论文的主要内容，然后用“除此之外”引出后面这些话。这是不合适的，“除此之外”是指除了前面说的事物或情况之外还有其他的事物和情况，前后之间应有密切联系）

（9）20世纪之前，越南古代人所使用的语言是汉文。由此可见，对外汉语在越南很久以前已经有了位置。（用词不当：汉语在越南很久以前已经有了位置）

（10）从中国派来的志愿者逐步增多（由于作者和论文评审人员都在中国，定位时候应该将中国作为近的地方，所以应该改为“派去”）

（11）是非华裔小生学习汉语的理想环境（小学生）

（12）意大利也同世界很多地区一样（国家）

（13）但，是否越南教师都能运用各种释义法来丰富地解释词语？是否所有的释义法都引起学生的注意力？（都能）

（14）本文着重于着重汉泰常用量词对比（“着重”重复）

（15）运运（运用）

（16）向中国派来的自愿者学习文化（志愿者）

（二）致谢部分的考察

“致谢”也是论文的一部分，重在表达谢意，理应不能出错，也不易出错，但实际上我们仍看到有错。例如：

（1）因为有老师我能完成毕业论文（才能）

（2）如果你们没在这次研究不能够实现（没有你们，完成）

（3）特别感谢我好朋友××××，在生活和学习方面都给我提供特别大的帮助和支持。（的，了）

从以上例子，我们可以看到，致谢部分也存在较大的词汇误用或漏用问题，例如（1）（3）中分别存在楼用副词“才”和助词“的、了”的问题，而（2）则是将“完成”误用为“实现”，其实二者都能与“目标”搭配，但“完成任务”“实现理想”还是不能换的，论文是一种具体写作的任务，所以还是应该用“完成”。

（三）正文部分的考察

除了摘要、致谢部分，我们还考察了6篇硕士论文的部分正文，发现有不少词语的偏误，大致可分为两类：

1. 实词的多用、错用或漏用。例如：

（1）希望本文能作为当地的参考。（当作）

（2）本校的高中学有15个班，高中学的专业分为：1. 科学–数学、2. 科学–计算机、3. 数学–英语、4. 英语–汉语、5. 英语–日语、6. 英语–法语、7. 英语–韩语等。（高中课程）

（3）这原因是因为什么呢？（删除，多用）

（4）很多学生都对教师提出要求课本以外的知识。（讲授的要求）

2. 虚词的多用、错用或漏用。例如：

（1）多听指导老师得建议，并多次地修改。(的)

（1）即使从表面上看起来该中学的课堂教学没有什么问题，但是课堂教学的主要关键就是教师和学生。(删除或改为“虽然”去掉“就”)

（3）因为教材里大部分的话题及词汇是中性的，是针对每一个地方的学生可以引来学习的。(删除多余的中间漏掉“都”改为“用”)

（4）两个词的泰语中没有分别为褒义词和贬义词。(在分)

（5）第一个课的教学设计。(量词用错，改为“篇”或去掉)

（6）他们的目标就是提高汉语课程的整个设置。(改善)

（7）汉语教师的任务是要找到适合汉语课程的改进办法来升级 M 大学的汉语课程。(提升)

二、学术词语的偏误

1. 不规范的略称

例如将“职校”作为“职业学校”的简称，将“马来西亚和新加坡（的汉语教学）”简称为“马新（汉语教学）”。

2. 书面语词误用为口语词

汉语学术论文的写作是一种规范科学的书面语写作，但留学生常常用口语来表达。例如：

因为我不熟悉那所学校，我在那里没有认识的人。(本人　本人　熟识)

3. 与习惯用法不同

（1）为哈萨克斯坦留学生学习汉语助一己之力（“助”后面一般加“一臂之力”）

（3）在泰国的政府的支持下（一般直接说“泰国政府”）

第三节　国际汉语教学中易混淆词语教学课件的建设思考

国际汉语教学中，我们经常会遇到留学生对易混淆词语提问，也经常发现留学生在写作、说话中的词语偏误主要为易混淆词语。课堂教学强调以学生为中心，因此，国际汉语教师在备课时也应该以学生的学习需求为中心。

然而教师在备课时多依据的是已有同义或近义词词典中的辨析，因此就存在诸多问题，至少存在两个方面的问题：第一，可以参考的实用性词典其实不多。虽然张博老师已提出“易混淆词语”这个概念，但现在还没有见到相关的汉语易混淆词语词典，而多是从汉语本体角度、从汉语母语学习者角度编写的一些近义词词典。第二，即便有一些可做教学参考的词典，也不能直接应用于教学，还需要教师花相当长的时间进行很好的加工和设计，才能应用于教学。相对实用的词典，如杨寄洲、贾永芬专门为汉语为非母语学习者编撰的《1700对近义词语用法对比》，还有赵新、李英主编的《商务馆学汉语近义词词典》，虽然这两部词典是立足于学习者，强调辨析词语的用法，实用性较强，质量也较好，但其毕竟是词典，没有设计练习，释义语言也有些术语化，如“简单结构、复杂结构、离合词、内在要素、外在表现”等概念是无法直接用于课堂教学的。

初查各级汉语教材、《汉语水平词汇等级大纲》和《汉语国际教育用音节文字词汇等级划分》，我们发现从初级至高级，都存在易混淆词语。鉴于此，本文拟就建设国际汉语教学中易混淆词语的教学课件提出一些想法。

一、课件词语的选择

我们要立足于学生学习和教学应用，势必要做好相关易混淆词语的选择。汉语词汇系统具有开放性，从理论上讲，易混淆词语也是一个相对开放的系统。选择哪些易混淆词语，是要依据学生需求和教学要求两个方面来进行的。

（一）学生的学习需求

选择易混淆词语，首先要根据学生的需要。要做到真正实用，我们认为首要的是要立足于汉语学习者的需要。如何立足于汉语学习者的需要？这包含三个层面：一是学生的学习水平。初级水平、中级水平和高级水平的学生，对汉语学习的需求是不一样的，遇到的易混淆词语也必然存在不同，我们不能将中高级才可能产生的混淆词语过早放到初级阶段的词汇教学中。二是学生的偏误重点。有些易混淆词语对于母语学习者和第二语言学习者而言，其学习难点是不一样的。这就要求我们以学生学习过程中产生的偏误为重点，真正将汉语非母语学习者学习中出现的易混淆词语收集起来作为课件选择的词语，而不是选择部分汉语非母语学习者的偏误词语作为点缀，更多的则是母语学习者的习得过程中的易混淆词语。

了解学生学习需求的易混淆词语，主要有以下两个途径：第一是教师途径。教师在教学过程中做个有心人，学生课堂或作业、考试中用错的，属于混淆词语的应该摘录或记录下来。这些记录的词语，从本族人的角度看，教师可能永远也想不到。比如，在初级阶段，有中亚学生会混淆“地道”和“真的”，其混淆原因是他们对“地道”的词义掌握不全面，在课堂教学中有老师想用简单的汉语给他们解释明白，但不准确，所以，他们使用时就会说出“我买的香水是地道的”“我太太的金项链是地道的”等等这样的句子。再比如“我今天头疼，别的，我要上课，所以我不去参加 Party 了”（混淆了“另外——别的”）、“我先吃了一碗，终于又吃了一碗”（混淆了“终于——最后”），“今天天气不好，就这样飞机晚点了”（混淆了“就这样——所以”），“原来他去过了，他明天不想去长城了”（混淆了“原来——因为”），“我把书放在桌子上来”（混淆了“在——到”）等，这些例子都是初级阶段学生课堂教学中出现的，我们临时收集的，但书本和词典中多没做辨析。第二是学生途径，即学生学习中主动问到的易混淆词语。有很多学生会主动问一些易混淆词语差异，如初级综合课上，我们使用的教材是《博雅汉语》（起步Ⅱ），在不同课文分别学过“迅速、立刻、转眼”后，有勤奋好学的学生就问“迅速——快——立刻——马上——转眼”的差别，还有学生对“得”的三个读音和用法进行询问，关注如何区分其用法。

（二）教学的要求

我们的教学，有教学大纲指导，更有具体的教材作为教学媒介。学校的课堂汉语教学之所以与学生在中国社会里的自觉实践性学习不同，最重要的就是因为学校的课堂教学有系统性和层次性。比如初级水平的学生，我们相应的汉语教材和教学大纲就要求学生掌握相应级别的词汇和语法等语言知识。而自觉实践性学习则比较散乱，可能将比较难的语言知识放在了学习之初，比较简单的反而放在了学习之末。因此，我们可以依据《汉语水平词汇等级大纲》和《汉语国际教育用音节文字词汇等级划分》以及具有影响的各套教材，结合不同水平层次学习者发生偏误的特点，甄选出相应级别汉语教学的易混淆词语。

比如初级阶段学习者，其对汉语词语的混淆不仅表现为对词义的理解和词语的功能用法上，还较多的表现为词形或者说汉字字形、字音的混淆上。例如，我们的课堂听写中就出现了“搬家——般家”“房租——房组”“方便——房便”“哪儿——那儿”“看到——看倒”“远远地——元元地”“风景——风影”“风景——冈景”等字形、字音混淆的情况。而中高级阶段的学习者，随着其词汇量的增大、运用词汇能力的增强，他们的易混淆词语就多表现近义词和同义词，如：“演讲——讲演”“觉察——察觉”“情感——感情”“轻视——蔑视”“希望——盼望——渴望”等等。

二、课件内容的设计

关于教学的课件内容，根据学习的规律和教学操练的程序，我们认为应该包括三大顺序模块。

（一）词语比较

词语比较是最基本的易混淆词语教学展示和说明环节。词语比较即将易混淆词语按照音、形、义、用几个方面进行比较。具体来说，每个方面又包含不同内容，如语音包括音近、音同等，语义包括等义、近义、偏义（包括语义重点）等，词形包括形近字词、同素异义词、语素异序词等，用法包括词语的搭配、色彩、词性等。当然，这些大大小小的易混淆词语比较的几个方面，并不是每组易混淆词语都会有全面明显的差别，我们可以根据不同教学对象的学习水平情况、不同的教学目标和教学内容，将学生学习时容易发生混淆和偏误的几个突出方面摘选出来进行比较。

词语比较中，着眼于不同方面进行立体展示说明后，可以就其差异在课件中列举更丰富的例句。词语的比较和例句的搜集可以基于语料库进行，以避免教师拍着脑袋想不出几个例子，或者只是列举词典等工具上的缺乏语境的几个简单例子。

要注意的是，在做易混淆词语中近义词的比较时，我们不能像词典或对母语学习者的讲解一样，将比较的两个或多个近义词的所有差异都堆砌在那儿，而是应该选择不同学习水平的学习者的易混淆点作为课件的比较重点，并告诉学生还有其他差异，留待以后学习需要时再讲，以避免学生误以为除此差别外，被比较词语的其他意义和用法完全等同。

在教学辨析过程中，教师不要只做课件的播放者，而应注意引导学生参与到辨析活动中来，启发他们自己分辨出近义词的差异，如果其分析正确时，加以肯定和鼓励，这就使他们有一种成就感，更激起其学习汉语的兴趣。

（二）词语练习

课件设计的词语练习是在教师引导下的学生为主体的练习。词语比较后，我们还应该设计相应的练习来加深学生对易混淆词语的印象，巩固他们对其差别的认识，真正学会使用。练习的设计，我们可以充分利用多媒体课件的优势，用图片或视频的形式，虚拟真实的语用环境，来强化相关易混淆词语特别是近义词语的语用练习。

利用课件来做易混淆词语的教学，较传统教学方式的最大优势，是在创设真实的语用环境上。什么情境下用什么词语，对差异主要表现为语用的词语特别适合。就拿简单的“爸爸——父亲；妈妈——母亲”这两组词语的差别来讲，教师课堂上大概会告诉学生，平时口语中我们用前者，正式场合、书面语中用后者，但学生又会进一步问“正式场合、书面语”是什么意思。而如果我们设计两个不同场景的短视频，一个是孩子与自己爸爸妈妈的简单对话，另一个是孩子在写作文，突出作文中出现的“父亲母亲”或者是学生在演讲，演讲开头短句出现父亲母亲。这样，对这两组词语的差别学生不仅能准确理解，还能深刻记忆。

（三）词语用法检测

词语用法检测是对学生是否掌握易混淆词语用法的一种检验，教师可以依此查找学生掌握的不足之处。设计简短的测试不仅会让学生加深学习内容的印象，而且会通过测试的评价和肯定，增强学生的自信心，提高学生的学习积极性，形成一种较好的主动学习氛围。

易混淆词语的检测环节，是教学课件区别于学生自己查阅词典等工具书的主要不同点。前述词语比较和词语练习都是学生在教师的指导和引导下完成的，只有词语的用法检测是学生独立完成的，学生应该是充满期待的，学习积极性也应该较高，动机较强，因此一定要有这个内容的设计。当然，对学生的检测，是要有结果鉴定的，这种结果的鉴定即老师计分和点评式的反馈。

三、课件形式及平台的设计

虽说教学课件的内容大于形式，但好的形式会让内容有更好的效果和影响，因此教学课件形式的设计也非常重要。课件形式设计的总原则是要突出重点，强调易混淆词语使用的不同语境和趣味性。语言学习总是与一定的社会文化背景即“情境”相联系的，学生学习的本质就是借助语言使用情境的帮助，实现其对所学语言知识意义的主动建构。我们认为易混淆词语中最难的是其用法的差异，因此，在易混淆词语的教学策略中，情境教学策略是一个非常重要的策略。那么，易混淆词语的教学课件形式要尽量能提供给学习者充分的沉浸感，而不单是那些类似电子教案的枯燥乏味的文字和静态图表。

在课件的技术应用上，应该以立体、动态展示为主，静态和动态相结合，有文字、图片展示，也有音频、视频。比如在练习的设计上，可以有多种形式，如可以根据句子意思选词填空，可以根据句子选择对应的静态或动态图片，还可以根据图片或音频、视频提供的情境，选择意义相近的词语、设计适合的情景对话等。例如：对于字形混淆的“搬家——般家”，可以设计静态图片或动态图片，图片上突出“手（扌）”的作用，让学生给图片写一个词语。“清楚——明白”，可以给出两幅动态图片，一幅是一个戴着眼镜的人努力看着前面的黑板，一幅是个学生蹙着眉头，拿着笔思考的样子。

鉴于目前汉语教学多在学校教室等固定场所进行的现实、汉语大规模传播的需要以及现代教育技术发展带来的新教学形式（如 MOOCs）出现的趋势等，易混淆词语的教学课件操作平台，可以设计为两种：网络版的和教室单机版的。教室单机版在操作设计上，应该以教师点击操作为主，学生课堂分组学习讨论和练习，教师现场对学生的学习检测效果进行评价。而网络版在操作设计上，则应以学生点击操作为主，学生的学习和讨论可以是单人或小组形式，教师对学生学习检测效果进行网上评价。

当然，对于单机版的课件和网络版的课件，在技术要求和处理上有很大不同，因此，作为一线教师，我们可以先做课件文本的编写和设计，这是第一步和基础，易学好用的单机版课件也可以先做。

四、系统性层级性课件库的建设

如开头所述，目前不缺少有参考价值的词典，然而真正能拿来就用或稍做修改的教学参考资料却甚少。随着后教学方法时代的到来，对外汉语教学方法需要我们突破传统的模式和观念，教学课件也不应该只是“为我所做，为我所用”，教师个人对某些易混淆词语所做的孤立的、封闭的零星课件如果能集合起来，进行必要的筛选、修改、整理和加工，立足于学习者和教学的需要，建立起一个具有系统性、层级性的易混淆词语教学课件库，必然给我们的对外汉语教学带来新的、实用的教学资源，以促进我们国际汉语词汇教学难点的教学。

这个库可以以汉语水平层级为经，以不同国别和地区学生学习偏误词语为纬，进行一种开放式的建设，即在一种网络共建共享的模式下，一方面是课件内容的不断增加，如可以是一线教师收集的易混淆词语不断增加，也可以是已收集的这些易混淆词语辨析点的增加等，另一方面则是课件内容和形式的优化，即在教师教学使用中不断地对词语比较、词语练习、词语检测以及形式等方面进行优化。“三个臭皮匠抵个诸葛亮”，毕竟集思广益的成果比个人的智慧要好得多。

好的课件是教学理念、教学内容、教学策略、教学方法与现代教育技术的紧密和完美结合。目前，有较多用于制作课件的多媒体编著工具，如 PowerPoint 等，这些多媒体编著工具易于操作，普通教师易于掌握。然而，教学内容的准备上，单靠某个教师个人进行开发和制作，会存在易混淆词语获取途径单一，课件制作的素材组织和表达单一等问题，所以如果能基于网络，建立一个教师易混淆词语教学备课的网络平台以及学生学习相关词语的易混淆词语收集平台，然后将这两个平台连接结合，建成一个比较实用、开放、互利合作的汉语易混淆词语教学课件库就非常理想了。

以上是本人就国际汉语词汇教学难点——易混淆词语教学课件建设所提出的一点粗略想法，希望能起到抛砖引玉的作用。

小　结

本书是从汉语词汇教学的理论出发，结合教学实践，运用一定研究方法进行的词汇教学实践研究，例如经验性论证汉语词汇教学模式，实验性论证帮助学生记忆汉语词汇的教学方法，对比论证汉语词汇教学课堂设计，案例质化论证汉语词汇教学相关的话题内容适用对象的区域特征，定量定性结合论证词汇与文中的关联教学。词汇偏误及相关教学资源统筹问题等。基于实践研究，我们探索了一些的国际汉语词汇教学的原则和理论，也一定程度证明了“教无定法”“教无定式”的观点。

参考文献

一、中文文献

（一）专著

布鲁斯．乔伊斯、玛莎．韦尔、艾米莉．卡尔霍恩著，兰英译：《教学模式（第八版）》，中国人民大学出版社，2014。

常敬宇，《汉语词汇与文化》，北京大学出版社，1995。

甘瑞媛，《国别化“对外汉语教学用词表”制定的研究：以韩国为例》，北京语言大学出版社，2014 年。

国家汉语国际推广领导小组办公室，《国际汉语教学通用课程大纲》，外语教学与研究出版社，2010 年。

国家汉语水平考试委员会办公室，《汉语水平词汇与汉字等级大纲》，经济出版社，2001 年。

黄伯荣、廖序东，《现代汉语》（上）增订四版，高等教育出版社，2007 年。

李晓琪主编，《对外汉语文化教学研究》，商务印书馆，2006 年。

吕必松，《对外汉语教学概论》（修订版），北京大学出版社，2005 年。

杨德峰，《汉语与文化交际》，北京大学出版社，1999 年。

曾莉，《间接否定言语行为的多角度研究》，北京邮电大学出版社，2014 年。

中国国家对外汉语教学领导小组办公室教育部社科司《汉语国际教育用音节汉字词汇等级划分》课题组，《汉语国际教育用音节汉字词汇等级划分：国家标准应用解读本》，北京北京语言大学出版社，2010 年。

周健,《汉语课堂教学技巧 325 例》,商务印书馆,2009 年。

周小兵,《汉语知识与教学技能》,北京语言大学出版社,2015 年。

(二)论文

白乐桑,汉语教材中的文、语领土之争:是合并,还是自主,抑或分离?,《世界汉语教学》,1996 年第 4 期。

常敬宇,汉语词汇的网络性与对外汉语词汇教学,《暨南大学华文学院学报》,2003 年第 3 期。

陈艳,对外汉语词语易混淆组的类型及教学策略,《湖北成人教育学院学报》,2013 年第 2 期。

丁薇. 谈对外汉语多义词教学——求同存异,以“爱”为例,《语文建设》,2013 年第 5 期。

龚嵘、郭秀艳,二语词汇形-义匹配关系习得中的无意识贡献成分——语义韵内隐学习实证研究的启示,《外国语》,2009 年第 3 期。

顾曰国,John Searel 的言语行为理论:评判与借鉴,《外国语言学》,1994 年第 3 期。

管春林,“字本位”与“词本位”教学方法结合质疑——兼与刘颂浩先生商榷,《暨南大学华文学院学报》,2008 年第 4 期。

洪炜、陈楠,汉语二语者近义词差异的习得考察,《语言文字应用》,2013 年第 2 期。

洪炜,面向汉语二语教学的近义词研究综述,《华文教学与研究》,2012 年第 4 期。

洪炜,语素因素对留学生近义词学习影响的实证研究,《语言教学与研究》,2011 年第 1 期。

洪炜、赵新,不同类型汉语近义词习得难度考察,《汉语学习》,2014 年第 1 期。

黄金贵,《古代文化词义集类辨考》自序,《杭州大学学报》,

1994年第4期。

黄振英，初级阶段汉语词汇教学的几种方法，《世界汉语教学》，1994年第2期。

汲传波，对外汉语口语教材的话题选择，《云南师范大学学报》(对外汉语教学与研究版)，2005年第6期。

江新，词汇习得研究及其在教学上的意义，《语言教学与研究》，1998年第3期。

江新，“认写分流、多认少写”汉字教学方法的实验研究，《世界汉语教学》，2007年第2期。

焦燕，从艾宾浩斯遗忘规律曲线谈大学英语词汇记忆，《苏州教育学院学报》2006第2期。

李芳杰，字词直通　字词同步，《语言教学与研究》，1998年第1期。

李国正，文化语言学研究的新收获——评黄金贵著《古代文化词义集类辨考》，《高校社科信息》，1996年第1期。

李军、曹钦明，汉语邀请行为的话轮结构模式分析，《语言文字应用》，2011年第4期。

李禄兴、王瑞，国别化对外汉语教材的特征和编写原则，《第九届国际汉语教学研讨会论文选》，高等教育出版社出版，2008年。

李泉. 近20年对外汉语教材编写和研究的基本情况述评，《语言文字应用》，2002年第3期。

李如龙，吴茗，略论对外汉语词汇教学的两个原则，《语言教学与研究》，2005年第2期。

李彤，近十年对外汉语词汇教学研究中的三大流派，《语言文字应用》，2005年第3期。

李珠，关于初级阶段综合课的词语教学，《世界汉语教学》，1998年第3期。

刘颂浩，对外汉语教学中的多样性问题，《暨南大学文学院学报》，2006 年第 4 期。

柳燕梅，生词重现率对欧美学生汉语词汇学习的影响，《语言教学与研究》，2002 年第 5 期。

陆俭明，“对外汉语教学”中的语法教学，《语言教学与研究》，2000 年第 3 期。

鹿士义，词汇习得与第二语言能力研究，《世界汉语教学》，2000 年第 3 期。

孟子敏，对外汉语教学中的文化词语，《词汇文字研究与对外汉语教学》（会议论文集），北京语言文化大学出版社，1998 年。

冉永平、赖会娣，虚假拒绝言语行为的人际语用理据分析，《外语学刊》，2014 年第 2 期。

宋春阳，语素猜词的语言理解策略及其价值，《修辞学习》，2007 年第 2 期。

苏宝荣，词的语言意义、文化意义与辞书编撰，《辞书研究》，1996 年第 4 期。

孙新爱，外汉语词汇教学应把握的几个原则，《云南师范大学学报（对外汉语教学研究版）》，2004 年第 2 期。

唐玲，汉语间接拒绝行为的表层策略分析，《广西社会科学》，2004 年第 10 期。

田恒金，浅析词语理据的文化性，《汉字文化》，2001 年第 3 期。

万艺玲，对外汉语词义教学中的两个问题，《语言教学与研究》，1997 年第 3 期。

王爱华，英汉拒绝言语行为表达模式调查，《外语教学与研究》，2001 年第 3 期。

王德春，国俗语义和《汉语国俗词典》，《中国文化与世界》（论文集），上海外语教育出版社，1992 年。

王芙蓉、刘振平，欧美留学生汉语拒绝言语行为习得研究，

《语言教学研究》，2006 年第 4 期。

王国安，论汉语文化词和文化意义，《中国对外汉语教学学会第五次学术讨论会论文选》，北京语言学院出版社，1996。

王骏，汉语词汇在长时记忆中的储存模式及其对教学的意义，《语言教学与研究》，2008 年第 4 期。

王骏，“字本位”理论和对外汉语教学，《云南师范大学学报（对外汉语教学与研究版）》，2005 年第 1 期。

王路江，从对外汉语教学到国际汉语教学，《世界汉语教学》，2003 年第 3 期。

王若江，由法国“字本位”汉语教材引发的思考，《世界汉语教学》，2000 年第 3 期。

王芸，虚假拒绝言语行为的礼貌性探析，《绵阳师范学院学报》，2014 年第 7 期。

吴建设，拒绝语的表达法，《四川外语学院学报》，2003 年第 4 期。

吴世雄，认知心理学的记忆原理对汉字教学的启迪，《语言教学与研究》，1998 年第 4 期。

吴应辉、杨叶华，缅甸汉语教学调查报告，《民族教育研究》，2008 年第 3 期。

夏莉萍，运用多种教学法进行对外汉语成语教学，《山西广播电视大学学报》，2010 年第 3 期。

肖贤彬，对外汉语词汇教学中“语素法”的几个问题，《汉语学习》，2002 年第 6 期。

焉德才，论对外汉语词汇教学过程中的“有度放射”策略，《语言文字应用》，2006 年第 2 期。

颜晓春，拒绝言语行为及其策略分析，上海外国语大学，硕士论文，2007

杨惠元，强化词语教学，淡化句法教学——也谈对外汉语教学中的语法教学，《语言教学与研究》，2003 年第 1 期。

杨寄洲，课堂教学中怎么进行近义词语用法对比，《世界汉语教学》，2004 年第 3 期。

张博，同义词、近义词、易混淆词：从汉语到中介语的视角转移，《世界汉语教学》，2007 年第 3 期。

张高翔，对外汉语教学中的文化词语，《云南师范大学学报》，2003 年第 3 期。

张普，21 世纪—数字化对外汉语教学的新时期，《数字化对外汉语教学理论与方法研究》（会议论文集），清华大学出版社，2004 年。

赵明，对外汉语教学中文化词语的教授原则与方法，《云南师范大学学报（对外汉语教学与研究版）》，2012 年第 4 期。

赵新、李英，关于编写适合对外汉语教学的近义词词典，《华侨大学学报》，2002 年第 3 期。

郑艳群，虚拟现实技术和语言教学环境，《世界汉语教学》，1999 年第 2 期。

周健、廖暑业，汉语词义系统性与对外汉语词汇教学，《语言文字应用》，2006 年第 3 期。

周淑清，英语阅读中的词汇问题，《语言教学与研究》，1999 年第 1 期。

二、外文文献

Ellis, C. N. VocabularyAcquisition: Word Structure, Collocation, Word-class andMeaning [A]. N. Schmitt and M. Mc Carthy. Vocabulary: Description, Acquisition and Pedagogy [C]. Cambridge: Cambridge University Press, 1997.

Schmid, t R. The role of consciousness in second language learning [J]. Applied Linguistics, 1990, (11).

Doughty, C & W illiams, J. Pedagogical Choices in focus on form [A]. C. Doughty& J. W illiams Focus on Form in Classroom Second Language Acquisition [C]. New York: Cambridge University Press, 1998.

Gupta, P. & Del, l G. S. The emergence of language from serial order and proceduralmemory [A]. B. MacWhinney. The Emergence of Language [C]. Mahwah, NJ: Erlbaum, 1999.

附录1：各国别化话题及相关词汇的调查问卷模板

亲爱的各位同学：

谢谢你参与此次的问卷调查！在填写问卷之前，有以下几点需要你注意：

1. 此问卷为不记名问卷调查，我们保证会对你填写的资料绝对保密。

2. 此问卷只做研究之用，只是为了了解大家在汉语学习过程中更喜欢学习什么话题及相关的词汇。问卷答案的选择和填写，没有对错之分。各位同学依据自己的兴趣爱好选择、填写即可。

3. 问卷中选择题注明“可多选”的题目可多选，未注明的为单选（选项中的“其他”项，你可以自由填写，对选项进行补充）。

第一部分

1. 性别　A. 男　B. 女　　　2. 年龄：____________

3. 年级：____________　　　4. 是否华裔　A. 是　B. 否

5. 你学习汉语多长时间了：

A. 3 个月—1 年　　　B. 1 年—2 年

C. 2 年—3 年　　　D. 3 年以上

6. 你喜欢学习汉语吗？

A. 很喜欢　B. 喜欢　C. 一般　D. 不喜欢　E. 很不喜欢

7. 你为什么学汉语？（可多选）（　　　　　　）

A. 父母要求　　　B. 学校要求

C. 喜欢中国，汉语很有趣

D. 学习汉语对以后找工作有帮助

E. 以后想去中国旅游、学习

F. 其他朋友都学，所以我也学

G. 其他（请注明）________________

8. 你和朋友聊天时，最喜欢谈论的话题主要是

A. 休闲娱乐（电影、电视、音乐、购物、时装）

B. 社会交往（朋友、同学、异性之间的关系）

C. 学校生活（学习成绩、学校活动等）

D. 日常生活的烦恼和计划

E. 其他____________________

第二部分

9. 在学习汉语的过程中，你希望教材中较多涉及哪些话题？(最多选 6 项)

A. 关于个人信息的　　B. 关于社会交往的

C. 关于日常生活的　　D. 关于学校生活的

E. 关于家庭生活的　　F. 关于娱乐休闲的

G. 关于交通与旅游的　　H. 关于自然与科学的

I. 世界性话题（各个国家的人们都比较关心的话题，例如：环保、减肥等）

J. 关于中国的话题

K. 关于中外差异的（中国与别国在语言文化、生活习惯等方面的差异）

L. 价值观念

M. 其他________________________

10. 请把上题中你选择的话题按照你感兴趣的程度排列

（由高到低）：________________________

11. （1）你希望教材中增加关于中国的话题吗？

A. 是　B. 否　　C. 无所谓　（选“否”直接到第 14 题）

（2）你希望教材中增加关于中国的哪些话题？

A. 中国传统文化：京剧等

B. 中国流行文化：流行音乐、电视、明星等

C. 中国人的生活习惯

D. 中国社会状况（宗教信仰、人口问题、教育等）

E. 中国人文自然景观

F. 当代中国政治、经济

G. 中国历史

H. 其他________________________

12. （1）你希望教材中增加关于越南的话题吗？

A. 是　　B. 否　　C. 无所谓　（选“否”直接到第 15 题）

（2）你希望教材中增加关于越南的哪些话题？

A. 越南传统文化：传统舞蹈等

B. 越南流行文化：流行音乐、电视、明星等

C. 越南人的生活习惯

D. 越南社会状况（宗教信仰、人口问题、教育等）

E. 越南人文自然景观

F. 当代越南政治、经济

G. 越南历史

H. 其他____________________

13. （1）你希望教材中增加关于中外差异的话题吗？

A. 是　　B. 否　C. 无所谓（选“否”直接到第 16 题）

（2）你希望教材中增加关于中外差异的哪些话题？

A. 价值观念差异　　　　　B. 生活习惯差异

C. 宗教节日差异　　　　　D. 教育差异

E. 政治经济制度差异　　F. 其他____________

14. （1）你希望教材中增加世界性的话题吗（各个国家的人们都比较关心的话题，例如：环保、减肥等）？

A. 是　B. 否　C. 无所谓　（选“否”直接到第 17 题）

（2）你希望教材中增加哪些世界性话题？

A. 自然灾害　　B. 环境保护

C. 能源　　D. 毒品、吸烟

E. 减肥　　F. 其他____________

第三部分

15. 词汇统计：在日常交际中，有哪些词语在越南经常使用，但在汉语课上你没有学过？（可以写汉语、调查国语或英语，多于 5 个的可在下面补充）

次序 话题	词语 1	词语 2	词语 3	词语 4	词语 5
第一部分：日常生活					
越南菜					
主食					
甜点、小吃					
蔬菜					
饮料					
衣着					
购物					
场所					
季节/气候					
第二部分：学校生活					
学科课程					

续表

次序 话题	词语 1	词语 2	词语 3	词语 4	词语 5
学习用品					
学校活动					
学校设备					
第三部分：家庭生活					
家务琐事					
家庭成员称谓					
家庭活动					
房屋住宅					
第四部分：娱乐休闲、交通与旅游					
音乐					
旅游景点					
旅游城市					
旅游国家					
交通工具					
体育运动					
节日					

附录2：汉语拒绝语使用情况性别差异调查问卷（中文版）

亲爱的朋友：

您好！生活中，由于很多原因，我们不得不拒绝他人，在下面不同情境下，你会怎么拒绝？请按照自己的真实想法，回答下列问题。为保证调查内容的客观性，本调查采用不记名方式获取资料，对您的回答严格保密，保证只用于毕业论文，请您放心。您的回答对我的研究至关重要，您对本问卷的认真填写是对我工作的最大支持。

衷心感谢您的配合与合作！

1. 性别：　A. 男　　B. 女

2. 年龄：________________

3. 职业：________________

问题：

4. 有一个外地人想请你带他到附近的公共汽车站，可是你不想带他过去，你会怎么说？

____

5. 在舞厅，有一个陌生男士（女士）邀请你和他一起跳一支舞，可你并不愿意，你会怎么说？

____

6. 逛商场的时候，导购员建议你试一下一款新上架的衣服，可你并不想试，你会怎么说？

____

7. 你的一个朋友要出去旅游，想借你的相机，可你并不想借给他，你会怎么说？

8. 你的一个好朋友生日，她邀请你参加她的生日聚会，可你还有其他的事情要做，你会怎么说？

9. 你上课（班）总是迟到，你的朋友建议你在手机上设置一个闹钟，可你觉得麻烦，不想弄，你会怎么说？

10. 周末，妈妈说让你回家去吃饭，可你已经和其他的朋友约好了，你会说？

11. 因为你脸色看起来不太好，妈妈建议你去医院看看，可你觉得没事，你会怎么说？

12. 暑假，舅舅让你去他家玩，说好久没见你了，可你不想去，你会怎么说？

所有问题已回答完毕，谢谢您的配合！

汉语拒绝语使用情况的性别差异调查问卷（英文版）

Dear friends,

In our daily life, for many reasons, we have to refuse others. In the following different situations, how will you refuse? Please fill in the blank with the Chinese you have learned. The questionnaire does not involve personal privacy, only to do the survey. Thank you for your cooperation and support. (Please fill in the blank with Chinese.)

1. Gender

A. male　　B. female

2. Nationality

____

3. Time to learn Chinese

____

4. The level of HSK

A. HSK1　　B. HSK2　　C. HSK3

D. HSK4　　E. HSK5　　F. HSK6

5. A stranger would like to ask you to take him to a nearby bus station, you do not want to takehim, what would you say?

____

6. In the ballroom, there isa strange man (woman) who invite you to dance with her, but you do not want to, what would you say?

____

7. When shopping, a shopping guide suggested that you try a new kind of clothes, but you do not want to, what would you say?

8. One of your friends want to go out to travel, she or he would like to borrow your camera, but you do not want to lend him (her), what would you say?

9. You are always late for class. Your friends suggest that you set an alarm clock on your mobile phone. But you think it's too complicated and don't want to get it. What would you say?

10. Today is your good friend's birthday, he invites you to attend his birthday party, but you also have other things to do, what would you say?

11. On the weekend, your mother said to let you go home for dinner, but you had already made an appointment with other friends, and you will say?

12. For you look not so well, your mother suggested that you go to to see the doctor, but you think it doesn't matter. What would you say?

13. On summer vacation, your uncle let you go to his home to have a visit, for you haven't see your uncle for a long time, but you don't want to go, what would you say?

You have answered all the questions, Thank you for your cooperation.

附录3：近义词测试

请同学们根据自己的真实情况填写，谢谢大家的合作！

性别：男□　　女□　　　　年级：________

请选择最恰当的词语填空：[1]

一、名词性的

1）中国的城乡________现在还比较大。

A. 差别　　B. 差异　　C. 区别

2）汉语不同方言之间存在很大的________，有的方言之间甚至不能通话。

A. 差别　　B. 差异　　C. 区别

3）你知道这两个词的________吗？

A. 差别　　B. 差异　　C. 区别

4）这次考试说明同学之间的________并不大。

A. 距离　　B. 差距

5）从教室到图书馆的________有多远？

A. 距离　　B. 差距

6）老师要求我们排好队后，有________地进入会场。

A. 次序　　B. 顺序

7）请你按事件的时间________写出这个故事。

A. 次序　　B. 顺序

8）这些军人________深受家庭的影响，都愿意当兵。

A. 子女　　B. 儿女

9）他这个人，太看重________私情。

---

① 本测试所用例句及最佳答案皆参考了《商务馆学汉语近义词词典》。

A. 子女　　　　　B. 儿女

10）这道题的解答________有两种。

A. 方法　　　　　B. 方式

11）不同的送礼________反映了人与人之间的不同关系。

A. 方法　　　　　B. 方式

12）我想穿上民族________照几张相。

A. 衣服　　　　　B. 服装

13）这套________配这双鞋子不好看。

A. 衣服　　　　　B. 服装

14）毕业前两个月，他就找到了一份在商场收银的________。

A. 工作　　　　　B. 职业

15）无论做什么，都要讲究________道德。

A. 工作　　　　　B. 职业

16）天气预报说________ 48 小时内会有爆风雪。

A. 将来　　　　　B. 未来

17）周刚希望________能成为一名科学家。

A. 将来　　　　　B. 未来

18）他的________是让这个公司破产。

A. 目标　　　　　B. 目的

19）我没有什么宏伟________，只是想认真地干好自己的工作。

A. 目标　　　　　B. 目的

20）我们一定要努力学习，才能赶上________的潮流。

A. 时期　　　　　B. 时代

21）最近这一段________我身体总是不太舒服。

A. 时期　　　　　B. 时代

22）我来中国学习的理想终于变成了________。

A. 实际　　　　　B. 现实

23）这套房子的________面积到底有多大？

A. 实际　　B. 现实

二、动词性的

24）这种物质有________植物生长的作用。

A. 促进　　B. 促使　　C. 推动

25）这一切会________气候和环境发生变化。

A. 促进　　B. 促使　　C. 推动

26）小小的蚂蚁能够________比自身重 50 倍的物体。

A. 促进　　B. 促使　　C. 推动

27）听说张三星期六搬家，你去________吗？

A. 帮　　B. 帮助　　C. 帮忙

28）陈虹叫我________他买一本《汉泰词典》。

A. 帮　　B. 帮助　　C. 帮忙

29）他们俩在学习上互相________。

A. 帮　　B. 帮助　　C. 帮忙

30）几年不见，她________真大，我都认不出她了。

A. 改变　　B. 变化

31）一个人的性格是很难________的。

A. 改变　　B. 变化

32）老李病了，他的工作你先________几天。

A. 替　　B. 代

33）从一大早一直做家务啊，你去歇一会儿，我来________你。

A. 替　　B. 代

34）你是班长，应该多向老师________同学们的意见的要求。

A. 反映　　B. 反应

35）老师讲了半天，我还没________过来。

A. 反映　　B. 反应

36）在老师的________下，玛丽写完了毕业论文。

A. 辅导　　　　B. 指导

37）很多留学生都请了中国学生给他们________汉语。

A. 辅导　　　　B. 指导

38）大卫非常________中国历史和文化。

A. 理解　　　　B. 了解

39）这篇文章内容太深，学生们________不了。

A. 理解　　　　B. 了解

40）你好好________一下，到底是报考北京大学还是报考清华大学？

A. 思考　　　　B. 考虑

41）动词和形容词有什么区别？请大家认真________。

A. 思考　　　　B. 考虑

42）这家宾馆的服务非常周到，令人十分________。

A. 满意　　　　B. 满足

43）得到了一百万，就又想得到一千万，他永远都不会________。

A. 满意　　　　B. 满足

44）你是在她家做保姆，当然要努力去________她。

A. 适应　　　　B. 适合

45）这种风格的衣服不太________我。

A. 适应　　　　B. 适合

46）老师批评他，可他一点儿也不________。

A. 在乎　　　　B. 在意

47）我问他，想跟他说话，但他对我的问话好不________。

A. 在乎　　　　B. 在意

48）每一个人都应该________法律。

A. 遵守　　　　B. 遵循

49）保护环境，就应该________自然规律。

A. 遵守　　　　B. 遵循

三、形容词性的

50）她已经 80 多岁了，身体还非常________。

A. 健壮　　　　B. 健康

51）看你这么________，可以挑一百七八十斤吧？

A. 健壮　　　　B. 健康

52）这个句子虽然很长，但结构很________。

A. 简单　　　　B. 容易

53）阿力很________地就学会了开汽车。

A. 简单　　　　B. 容易

54）如果你是一个幽默的人，生活就会________得多。

A. 有趣　　　　B. 好玩儿

55）那个公园没什么________的，我们去别的地方吧。

A. 有趣　　　　B. 好玩儿

四、副词性的

56）小李________没把事情办完。

A. 终于　　　　B. 到底

57）我________说服了她。

A. 终于　　　　B. 到底

58）火车________地向前开。

A. 不断　　　　B. 不停

59）奥运会期间，好消息________传来。

A. 不断　　　　B. 不停

60）中奖的机会只有几万分之一，________让他遇上了。

A. 恰好　　　　B. 正好

61）他身高________一米七。

A. 恰好　　　　B. 正好

后　记

不知不觉中，本人从事国际汉语教学实践已经十年有余。这些年中，较多地关注着国际汉语词汇教学的相关理论，也常从教学实践中做些思考和研究，本书算是我相关思考研究的一个总呈现吧！

此书付梓时最想表达的还是感谢！

首先要感谢学院领导的支持、帮助和督促，使得一度怠惰的我又重新行走在教学科研之路上！

其次要感谢中央民族大学出版社的编审戴佩丽老师，感谢戴老师的支持、督促和付出！

最后要特别感谢配合我的研究兴趣、帮助我进行调查研究的历届中外硕士研究生，如果没有他们帮助收集的语料，书中很多部分是没法完成的。